职业教育汽车类专业“双证课程”培养方案教材
国家高技能人才培训基地建设项目成果系列教材

AUTOMOBILE

QICHE PEIJIAN GUANLI YU YINGXIAO

汽车配件管理与营销

主　编　郭玉龙　焦琳琳　李　鹏　云　良

副主编　杨伟峰　徐　缓　唐　龙　周寒秋
　　　　常　虹　陈　超　周立滨

主　审　宋百玲

華中科技大學出版社
http://www.hustp.com
中国·武汉

内容简介

本书整合了汽车配件商品知识和汽车配件营销知识，加入了与汽车配件行业相关的课程内容，重新梳理了教材的内容，使得教材内容与不断变化的时代相适应。本书的主要内容包括：汽车常见易损件和常用材料、汽车配件财务管理、汽车配件采购管理、汽车配件销售管理、汽车配件营销策略、汽车保修索赔管理、汽车配件仓储管理、汽车物流与供应链管理、汽车配件计算机管理等。

本书也可以作为汽车配件职业培训教材和自学参考书。

图书在版编目(CIP)数据

汽车配件管理与营销/郭玉龙等主编. —武汉：华中科技大学出版社，2017.12
ISBN 978-7-5680-3007-6

Ⅰ.①汽…　Ⅱ.①郭…　Ⅲ.①汽车-配件-市场营销学-高等职业教育-教材　Ⅳ.①F766

中国版本图书馆 CIP 数据核字(2017)第 135129 号

汽车配件管理与营销　　郭玉龙　焦琳琳　李　鹏　云　良　主编
Qiche Peijian Guanli yu Yingxiao

策划编辑：张　毅
责任编辑：段雅婷
责任校对：刘　竣
封面设计：孢　子
责任监印：朱　玢
出版发行：华中科技大学出版社(中国·武汉)　电话：(027)81321913
武汉市东湖新技术开发区华工科技园　邮编：430223
录　　排：武汉市洪山区佳年华文印部
印　　刷：武汉华工鑫宏印务有限公司
开　　本：787mm×1092mm　1/16
印　　张：10
字　　数：273 千字
版　　次：2017 年 12 月第 1 版第 1 次印刷
定　　价：32.00 元

前言 QIANYAN

自2000年以来，我国汽车销售市场呈井喷式高速增长，汽车保有量大幅增加。截止到2016年，中国乘用车市场以13.7%的销量同比增幅高位收官。在告别了2015年的销量“低谷”之后，中国汽车产业实现了复苏，进入了恢复性增长期。中国汽车工业协会2017年1月12日发布的数据显示，2016年汽车产销分别完成2811.9万辆和2802.8万辆，比去年同期分别增长14.5%和13.7%。与此同时，汽车后市场也在蓬勃发展，汽车市场对人才的知识和能力要求也在不断地提高，因此对相应的职业教育提出了更高、更新的要求。

我国汽车工业的高速发展，给汽车服务业带来巨大的商机，同时也促使我国汽车后市场的经营模式发生了重大的转变。近年来建立的以汽车制造厂品牌为核心，以集整车销售、汽车维修、配件供应、信息反馈为一体的汽车特约服务站，成为汽车后市场的规模化经营模式。随着汽车销售新政策的出台，车主对汽车售后服务的选择不仅仅局限于在4S店进行，还可以在汽车服务站、汽车配件维修厂进行。

汽车后市场的蓬勃发展带动了汽车配件行业的迅猛发展。我们要重视汽车配件行业的发展趋势，在配件经营、管理上下功夫，争取为汽车配件企业带来更好的管理及营销思路，使汽车配件从业人员提高其自身的业务能力。

本书以提高技术能力为出发点，以准确、实用、创新为基础，以加强技能操作为目标，组织了众多汽车行业专家、职业教学一线教师等共同来应对汽车专业的教学需求，编写了这本教材。

本书由郭玉龙、焦琳琳、李鹏、云良担任主编，由杨伟峰、徐缓、唐龙、周寒秋、常虹、陈超、周立滨担任副主编。

由于编者的理论水平和实践经验有限，书中难免有不足之处，恳请各位专家和读者批评指正，以便我们不断完善。

编　者

2017年10月

目录 MULU

第1章
汽车常见易损件和常用材料

1

知识目标

（1）了解汽车发动机、汽车底盘、汽车电气设备、汽车车身的易损件。

（2）掌握汽油油号的基本概念、机油的分类及特征。

（3）掌握轮胎的作用和分类。

（4）掌握滚动轴承的结构和类型、代号和选用方法，掌握汽车油封的选用。

能力目标

（1）会鉴别汽车发动机、汽车底盘、汽车电气设备、汽车车身的易损件的主要损伤原因。

（2）会正确选择和使用机油，会进行机油质量的鉴别，掌握齿轮油与润滑脂的特性，掌握各种汽车工作液的选用。

（3）会进行汽车轮胎的选用。

（4）会进行滚动轴承和油封的选用。

【案例导入】

一辆北京 BJ2021 吉普(切诺基),发动机出现少数气缸不工作的现象,对汽车电路进行检查,未发现异常。检查配气机构,发现有一推力杆始终不动,原来是液压挺柱不工作所致。拆下挺柱,发现机油内有乳化物将挺柱的油孔堵塞。对机油进行检查,发现机油已经严重变质。

进一步检查,由于气缸垫使用时间过长,而车主又一直未对气缸盖螺栓进行紧固,导致冷却液渗入到曲轴箱内。那么,为什么冷却液进入到曲轴箱内会使机油产生沉淀呢?这辆车的冷却液采用的是乙二醇防冻液,乙二醇遇到机油会发生化学反应,产生沉淀物,堵塞了液压挺柱,幸好及时发现才没有造成大的损失。清洗油道,更换机油、气缸垫,重新加满冷却液,着车后,一切正常。

1.1 汽车常见易损件

一、汽车发动机易损件

1. 气缸体

气缸体的常见故障除气缸正常磨损(可进行镗磨、加大尺寸予以修理)外,还包括:在冬季因未放尽积水而被冻裂;运行中因缺少冷却水,易过热膨胀而产生裂缝,导致漏水;在行车事故中因碰撞而被损坏;以及孔径因数次镗削而扩大至极限。气缸体有一定的消耗量,属于正常应备品种,数量应视地区销售情况而定。气缸体如图 1-1 所示。

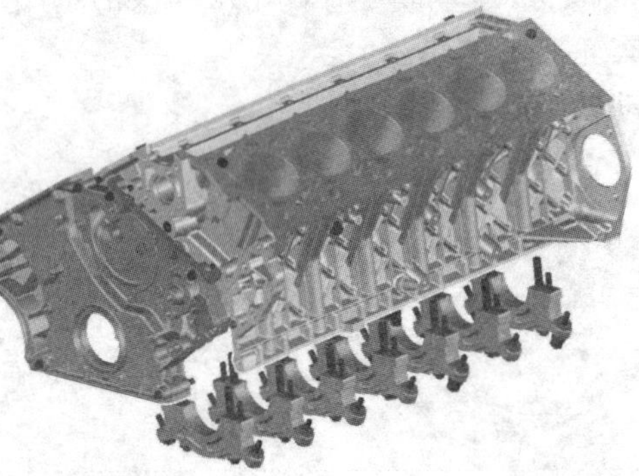

图 1-1 气缸体

2. 气缸套

气缸套的常见故障有缸孔自然磨损、外径压配不当而导致漏水(湿式气缸套)、气缸壁因敲缸而损伤,或在突发情况下如连杆螺栓松脱而被连杆击穿等。气缸套属于必备品,消耗量较大,应有一定的备量。

3. 气缸盖

气缸盖的常见故障除了未发现的制造缺陷(如隐藏裂纹、排气门座压配松弛等)引起的漏水现象外,主要是使用不当和自然疲劳损坏。气缸盖属于常备品,应有一定的备量。气缸盖如图 1-2 所示。

图 1-2 气缸盖

4. 气缸盖衬垫

气缸盖衬垫的常见故障有气缸盖紧固螺栓拧紧力失准或松弛、未发现的制造缺陷、气缸体漏水造成热化学腐蚀等，导致封闭气缸孔边缘部位烧蚀泄漏、水孔边缘部分热腐蚀缺损而使封闭失效等。气缸盖衬垫属于一次性使用配件，消耗量很大，通常作为随车主要维修备用品，应有较多库存备量。气缸盖衬垫如图 1-3 所示。

5. 活塞

活塞的常见故障有自然磨损，在发动机过热时会造成部分合金熔蚀而发生拉缸或咬死，磨损后配合间隙过大，积碳早燃时会造成击伤、裂缝等。活塞是主要易损件，消耗量大、规格多，是营销必备品种。活塞如图 1-4 所示。

图 1-3 气缸盖衬垫

图 1-4 活塞

6. 活塞环

活塞环的常见故障有活塞拉缸被折断、自然磨损、弹性衰减等。活塞环是主要易损件，消耗量大、规格多，是营销必备品种。活塞环如图 1-5 所示。

7. 活塞销

活塞销的常见故障有外径自然磨损，以及在特殊工况下未发现的制造上的隐藏裂缝造成的折断等。活塞销是主要易损件，消耗量大、规格多，是营销必备品种。活塞销如图 1-6 所示。

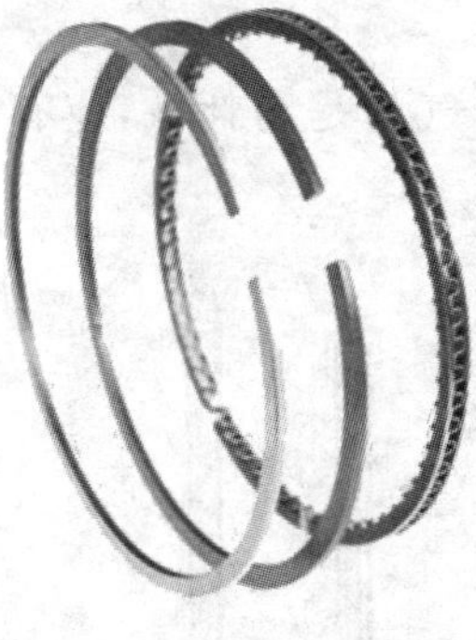

图 1-5 活塞环

图 1-6 活塞销

8. 活塞销衬套

活塞销衬套的常见故障有自然磨损，以及因缺油导致高温烧损、配合间隙过大引起衬套走外圆等。活塞销衬套是主要易损件，消耗量大、规格多，是营销必备品种。

9. 连杆

连杆的常见故障有杆体扭曲，大头、小头孔座因轴孔磨损或断油造成的过度磨损松旷，螺栓孔螺纹损坏等。连杆虽属易耗件，但相对销量较少，应有一定备品，以应需要。连杆如图 1-7 所示。

10. 曲轴

曲轴的常见故障有主轴颈和连杆轴颈磨损，曲轴因受力扭曲变形而导致同轴度失准，以及在突发工况下或因材质缺陷、隐藏裂纹等造成个别曲轴折断等。曲轴是主要非易耗件，但仍有一定的销量，为常备供应配件之一。曲轴如图 1-8 所示。

图 1-7　连杆

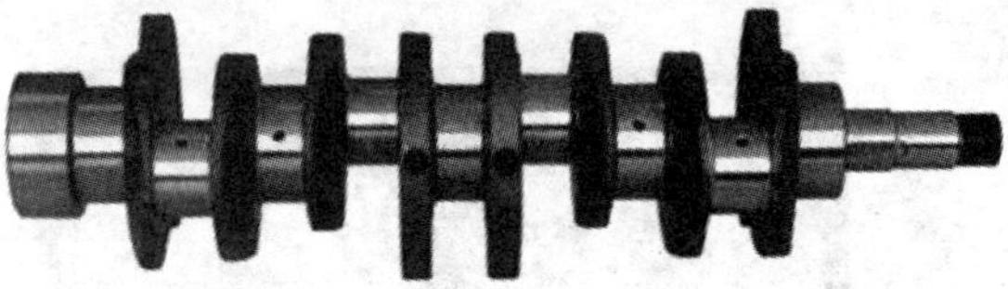

图 1-8　曲轴

11. 曲轴轴承

曲轴轴承的常见故障有因断油产生的合金层合金烧熔咬轴、因冲击负荷导致合金层部分合金疲劳剥落、因配合间隙过大造成轴承钢衬走外圆及定位唇口变形移位等。曲轴轴承是易耗件，需成组更新品种，应有足够数量的品种。

12. 飞轮

飞轮的常见故障有大端工作平面因离合器钢片损坏或磨损后被铆钉突出磨损而形成的沟槽，飞轮齿圈端因启动机驱动齿轮的撞击崩块或齿面磨损过大而导致的齿圈与飞轮外圆配合松弛等。飞轮应有一定的备品。飞轮如图 1-9 所示。

13. 气门

气门的常见故障有自然磨损和胶粘咬死、断裂、腐蚀等。气门是易耗件，应有较多的备品。气门如图 1-10 所示。

图 1-9　飞轮

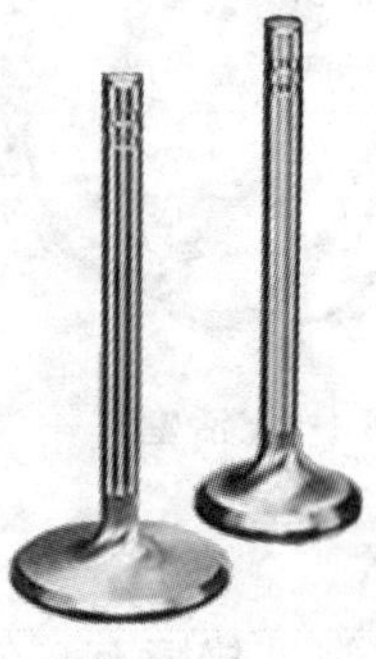

图 1-10　气门

14. 气门导管

气门导管的常见故障有自然磨损以致配合间隙过大，燃烧废气或润滑油杂质等侵入而形成磨料，使气门杆咬死或内孔拉伤等。气门导管是易耗件，在发动机大修中，常需换用新品，应有一定的备量。气门导管如图 1-11 所示。

15. 气门弹簧

气门弹簧的常见故障有变形、折断、弹性衰减等。气门弹簧是易耗件，是常供品，应有一定的备量。气门弹簧如图 1-12 所示。

图 1-11　气门导管

图 1-12　气门弹簧

16. 气门座圈

气门座圈的常见故障有机械磨损和热腐蚀，造成气门座圈的密封面破坏。气门座圈应有一定备量。气门座圈如图 1-13 所示。

17. 凸轮轴

凸轮轴的常见故障有主轴颈磨损、凸轮磨损，以及凸轮轴弯曲变形、同轴度变差和机油泵驱动齿轮损坏等。根据地区供需情况，凸轮轴应有一定备量。凸轮轴如图 1-14 所示。

图 1-13　气门座圈

图 1-14　凸轮轴

18. 气门挺杆

气门挺杆的常见故障有杆部自然磨损、调节气门间隙造成的螺钉螺纹损伤、与凸轮轴凸轮接触的球形工作面磨损等。气门挺杆是易耗件，但与其他品种相比，其消耗量较少，应有一定备量。

19. 气门摇臂

气门摇臂的常见故障有轴承孔磨损、圆弧工作面磨损、气门间隙调节螺栓与螺母或螺钉与螺母以及螺孔螺纹的松旷和损坏等。气门摇臂的消耗量较大，应有较大的备量。

20. 凸轮轴正时齿轮

凸轮轴正时齿轮的常见故障有齿部因受冲击力矩而崩裂、断齿，铁芯与胶木或尼龙的压配松动及齿面磨损超过允许值等。凸轮轴正时齿轮是易耗件，在维修作业中常被更换，应有较多的备品。凸轮轴正时齿轮如图 1-15 所示。

21. 正时链条

正时链条的常见故障有链板疲劳，轴销、滚子磨损后伸长等。工程塑料制齿形带的损坏现象为出现疲劳伸长、齿面磨损等。正时链条是易损件，应有一定备量。正时链条如图 1-16 所示。

图 1-15　凸轮轴正时齿轮

图 1-16　正时链条

22. 进、排气歧管总成

进、排气歧管总成的常见故障有热疲劳裂纹，安装凸缘因螺栓拧紧顺序及力矩不当而造成的断裂，或热疲劳引起的安装平面翘曲、变形而导致的漏气等。进、排气歧管总成是易耗件，接口垫消耗量较大，应有较多备品。

23. 机油泵

机油泵的常见故障除了制造质量外，还包括运动件自然磨损、限压阀弹簧弹力疲劳衰减、密封衬垫损坏等，这些故障会造成供油压力不足，甚至导致机油泵失效。机油泵是易损件，属常供备品。机油泵如图 1-17 所示。

24. 机油集滤器

机油集滤器的常见故障有滤网经多次清洗后变形或损坏；浮子泄漏；油管被油垢阻塞，清洗后发生变形等。机油集滤器是易损件，属常供备品，应有较大的备量。机油集滤器如图 1-18 所示。

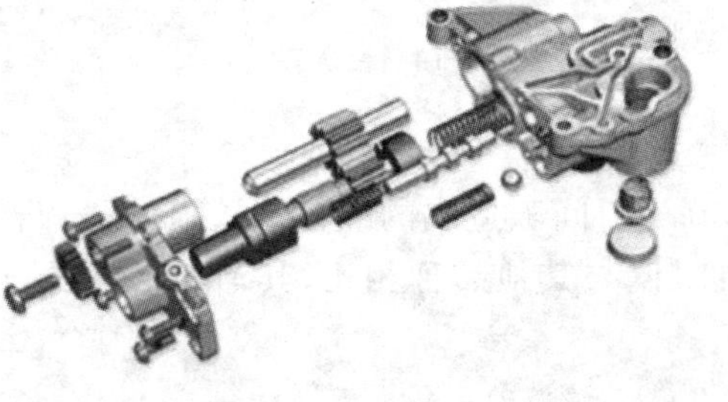

图 1-17　机油泵

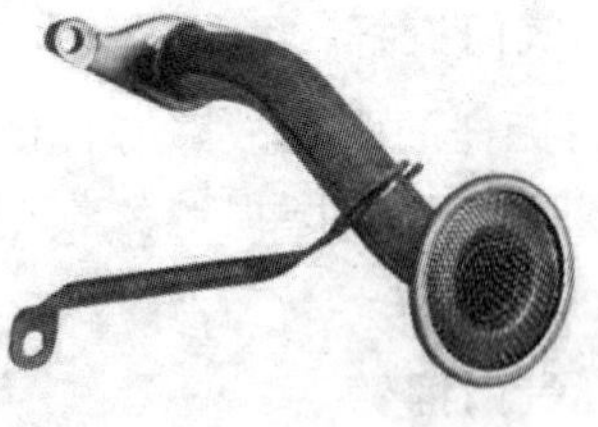

图 1-18　机油集滤器

25. 机油滤清器

机油滤清器的常见故障有滤芯被机油杂质污染阻塞、密封衬垫变形损坏、限压阀因弹簧压力衰减导致开启压力失准等。机油滤清器是易损件，需要量较多，应有较多备量。机油滤清器如图 1-19 所示。

26. 油底壳

油底壳是易损件，应有一定备量。油底壳如图 1-20 所示。

图 1-19　机油滤清器

图 1-20　油底壳

27. 汽油泵

汽油泵的常见故障有膜片疲劳损伤而产生裂缝，进、出油单向阀工作面磨损致使其密封性破坏，摇臂工作面磨损量过大，膜片行程减小等。汽油泵应有较多的备量。汽油泵如图 1-21 所示。

28. 汽油滤清器

汽油滤清器的常见故障有漏气(不密封)或滤芯未及时维护而形成阻塞。汽油滤清器是消耗件，应有较多的备量。汽油滤清器如图 1-22 所示。

图 1-21　汽油泵

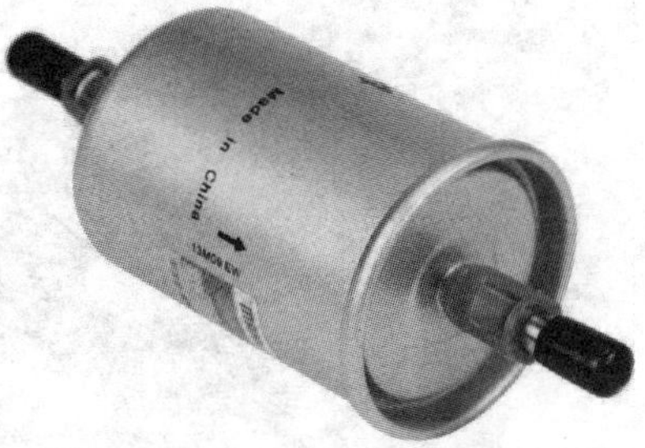

图 1-22　汽油滤清器

29. 散热器

散热器的常见故障除了磕碰损伤外，还包括：因机械损伤而导致漏水；水垢阻塞；温度过高，使水气膨胀压力增大，导致水管产生裂纹而漏水；冬季未放尽冷却水而被冻裂等。散热器是消耗件，消耗量较大，应有足量的备品。

30. 空气滤清器

空气滤清器的常见故障有滤芯被尘土阻塞。空气滤清器是消耗件，应有较多的备量。空气滤清器如图 1-23 所示。

31. 节温器

节温器的常见故障有蜡式感温体热疲劳感温性能变差、机械损伤等。节温器是常备易耗件，应有足量的备品。节温器如图 1-24 所示。

32. 水泵

水泵的常见故障有壳体裂纹、轴承损坏、水封及木垫片失效、壳体安装螺栓孔损裂等造成的冷却水泄漏。维修时，车主大多更换总成，故水泵总成应有较多的备量。

图 1-23　空气滤清器

图 1-24　节温器

33. 风扇皮带

风扇皮带的常见故障有疲劳伸长后导致传动失效，或因包布脱层而导致破损和断裂。风扇皮带是易损件，需求量较大，并为行车备件之一。

二、汽车底盘易损件

1. 离合器总成

离合器总成的常见故障有动盘摩擦面片磨损、钢片产生裂纹、面片铆钉突出或面片被油脂污染，分离轴承套筒、分离叉、分离杠杆等零件摩擦工作面磨损，摩擦片烧蚀、松脱等。离合器总成如图 1-25 所示。

图 1-25　离合器总成

2. 离合器从动盘

离合器从动盘的常见故障有波形弹簧钢片损裂、减振弹簧折断或弹性衰减、从动盘盘毂产生裂纹等，而摩擦片磨损减薄、破裂和烧损更为多见。

3. 离合器机械式操纵机构

离合器机械式操纵机构的常见故障有自然磨损、分离轴承的球头螺钉磨损等。

4. 离合器液压式传动机构

离合器液压式传动机构的常见故障有活塞磨损、活塞皮碗磨损、皮圈磨损或橡胶老化，以及双向阀损坏、缸筒磨损等。

5. 变速器

变速器的常见故障有齿顶撞击打毛、齿部崩裂、疲劳点蚀、齿厚磨损减薄、齿轮内磨损、间隙增大等。变速器如图 1-26 所示。

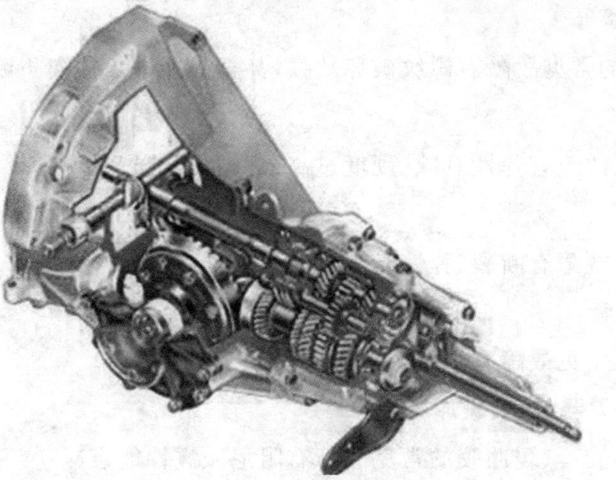

图 1-26 变速器

6. 传动轴

传动轴的常见故障有万向节十字叉轴座孔磨损及配合松动、滑动叉及花键轴的键槽或键齿磨损松动、轴管变形弯曲、凸缘叉产生裂缝等。

7. 半轴

半轴的常见故障有过载或因冲击导致杆部断裂、扭曲，花键磨损，安装螺栓孔因螺栓松旷而造成磨损扩大或裂纹等。

8. 前轴

前轴的常见故障有受冲击负荷而发生弯曲变形、主销承孔因磨损而扩大等。

9. 转向节

转向节的常见故障有主销孔、主轴及轴承径磨损，紧固螺纹损坏，主轴受冲击负荷而产生弯曲变形、疲劳裂纹等。

10. 万向节

万向节的常见故障有十字轴轴径磨损，形成滚针沟槽；轴承钢碗磨损，使配合间隙超过规定值等。万向节如图 1-27 所示。

11. 轮毂

轮毂的常见故障有因未及时维护或锁紧螺母而导致松动或缺少润滑脂；车轮晃动，导致轴承孔座损伤松旷，影响汽车正常运行。轮毂如图 1-28 所示。

图 1-27 万向节

图 1-28 轮毂

12. 轮毂螺栓、螺母

轮毂螺栓、螺母的常见故障有螺纹破坏缺损，甚至受冲击负荷而折断。

13. 钢板弹簧

钢板弹簧的常见故障有弹性衰减(硬度过高或隐藏裂缝)和折断。

14. 螺旋弹簧

螺旋弹簧的常见故障有断裂、弹性衰减和变形。

15. 钢板弹簧衬套

钢板弹簧衬套的常见故障有自然磨损、破裂、压溃。

16. 减震器和减震器胶套、缓冲胶

减震器和减震器胶套、缓冲胶的常见故障有阻尼减震性能衰减、变差或失效。

17. 转向盘

转向盘的常见故障有外包塑料老化而产生裂缝、转向盘变形等。

18. 转向器

转向器的常见故障有转向柱管变形而偏离中心、齿轮调整失准或磨损、支承轴承损坏、齿轮磨损、间隙增大、转向器受外力冲击使装夹脚断裂等。

19. 动力转向装置

动力转向装置的常见故障有动力泵油压不足、转向轴弯曲变形、转向器调整失准、控制阀卡住或失灵、液压系统泄漏或进入空气、动力泵零件磨损等。

20. 纵拉杆与横拉杆

纵拉杆与横拉杆的常见故障有球销、球销碗、弹簧座、弹簧、防尘罩损坏等。

21. 空气压缩机

空气压缩机的常见故障有活塞组零件磨损、排气阀阀片磨损、连杆轴承磨损等。

22. 液压制动主缸和轮缸

液压制动主缸和轮缸的常见故障除了正常使用时的磨损、渗漏油液之外，还包括因皮碗质量不好或配合尺寸选用不当，以及活塞与缸孔磨损后间隙过大，以致皮碗刃口反向等造成的制动失效。

23. 液压制动软管

液压制动软管的常见故障有接头疲劳脱落、损伤，橡胶老化，内孔孔径膨胀、缩小或阻塞。

24. 气压制动软管

气压制动软管的常见故障有偶然发生脱头及起鼓分层等现象，以及与轮胎胎面摩擦而磨损(前轮)、橡胶老化膨胀、内径阻塞或油污阻塞等。

25. 前、后制动片

前、后制动片的常见故障有磨损、烧蚀、破裂等。前、后制动片是使用频繁、工作条件恶劣的易损件，消耗量很大。前、后制动片如图 1-29 所示。

26. 盘式制动器

盘式制动器的常见故障有受粉尘侵袭而磨损较大。盘式制动器如图 1-30 所示。

图 1-29 前、后制动片

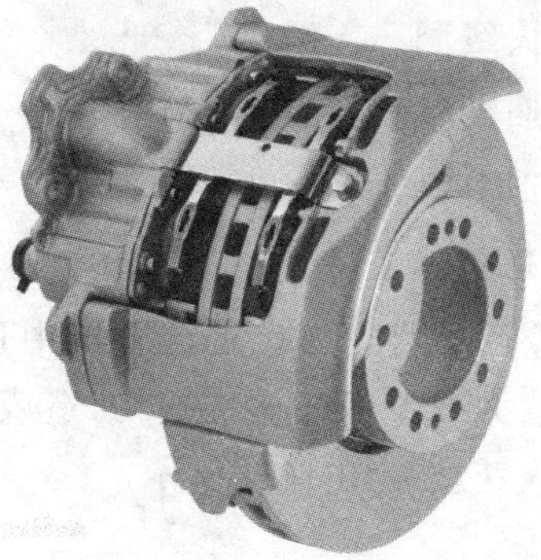

图 1-30 盘式制动器

27. 油封

油封是易损件，而且消耗量很大。

28. 滚动轴承

滚动轴承是受力很大的滚动摩擦零件，是易损件且通用性很广。

29. 汽车轮胎

汽车轮胎是消耗量大的易损件，应有较多备量。内胎的损耗量也较大，也应有较多备量。衬带的消耗量较少，可少备。

三、汽车电气设备易损件

1. 发电机

发电机的常见故障有绕组断路、短路，电枢轴承磨损，机壳及盖损伤等。硅整流发电机的硅管受高峰电压的冲击而击穿损坏也属多见。

2. 启动机

启动机的常见故障有启动开关触电烧蚀，电磁开关绕组及电枢、磁极励磁绕组的断路、短路，以及整流子磨损、轴承损坏、移动叉行动调节距离失准、驱动齿轮损伤等。启动机如图 1-31 所示。

3. 蓄电池

蓄电池的常见故障有壳体碰击而产生裂纹、漏液，极板活性物质脱落而沉淀于壳底，隔板微孔被活性物质阻塞而使内阻增加，单电池连接铅条脱焊松动，电池室因电液不足而使极板硫酸铅化等。蓄电池是易损件，冬季旺销，应有较多备量。蓄电池如图 1-32 所示。

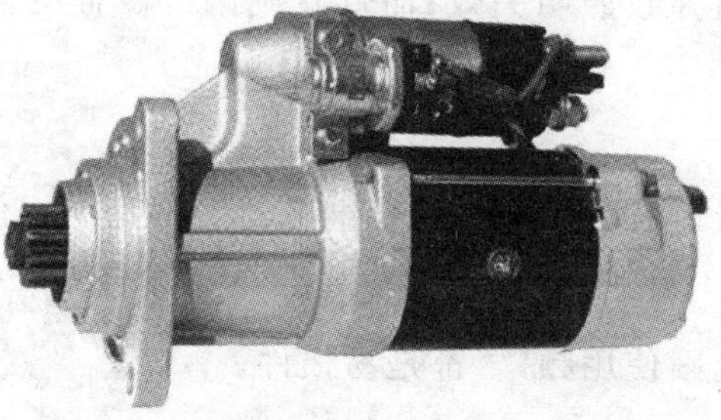

图 1-31 启动机

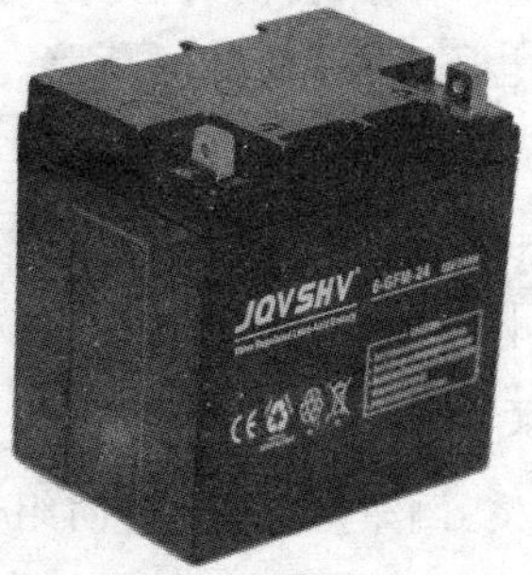

图 1-32 蓄电池

4. 点火线圈

点火线圈的常见故障有绝缘胶木上盖磕碰破损、高压电流击穿、绝缘破坏、绕组断路或过热烧坏、接线柱接线脱焊、潮气侵入罐内等所致的变压功能失效。点火线圈如图 1-33 所示。

5. 火花塞

火花塞因电极在燃烧的混合气中长期工作，易受高温及化学腐蚀，容易被燃烧废气污染，使点火间隙增大或绝缘体裙部损伤，造成短路等而失效。火花塞为消耗量很大的易损件，应有较多备量。火花塞如图 1-34 所示。

图 1-33　点火线圈

图1-34　火花塞

6. 电热塞

电热塞为柴油发动机易损件，在柴油发动机汽车较多的地区应多置备品。

7. 有触电分电器

有触电分电器的常见故障有传动轴磨损、配合间隙增大、传动轴旋转晃动、分电胶木盖或分火头绝缘破坏击穿、高压电线串接、断电器（白金副）触电烧蚀、电阻增大、凸轮角磨损、离心块弹簧失效、电容器击穿漏电等。

8. 低、高压线

低、高压线均为易损件，故障与损坏现象为绝缘层老化破裂，或被硬物划伤而导致漏电或短路。

9. 汽车灯具

前照灯、制动灯、转向灯、尾灯等的灯泡都是易损件，有一定的使用寿命，还常常因行车振动或受到高峰电压冲击，使灯丝断路、烧毁等而导致照明失效；而灯具则因外露而受到泥水浸渍、锈蚀，使外观和照度变差，必须更换。

10. 继电器

灯光继电器、喇叭继电器、电动机继电器、空调继电器、组合继电器等都是易损件。

11. 开关

温度开关、倒车灯开关、转向组合开关等因使用频繁，都是易损件。

12. 刮水器

刮水器是易损件，特别是刮水臂及刮片的损耗量更多。

13. 风扇传动带

风扇传动带在高速运转下受到极大的拉伸力、扭曲力、摩擦力，损耗较大。

14. 喇叭

喇叭的常见故障有喇叭不响，多是触点烧结，不能分开所致；喇叭长鸣，是由按钮卡死、继电器触点烧结、喇叭至继电器按钮之间绝缘层破损和搭铁等引起的；喇叭变声，是由膜片破裂、膜片锁紧螺母松动、铁芯间隙失调、触点烧蚀和各紧固螺钉松动等引起的。喇叭是常见的易损件。

15. 仪表

电流表、温度表、机油压力表、燃油表及其传感器消耗量较多，都是常见的易损件。

四、汽车车身易损件

(1) 纵梁：弯曲变形和裂缝。

(2) 蒸发器及壳体：发生碰撞、严重弯曲或破裂。

(3) 驾驶室：钣金蒙皮锈蚀、碰撞变形，车门碰撞变形、玻璃破碎、玻璃升降器损坏、门锁损坏等。

(4) 翼子板、托架、前后轮挡泥板：碰撞损坏、振动裂缝、泥水锈蚀等。

(5) 保险杠、牌照板、车外后视镜：常因碰撞而损坏。

(6) 装饰条、车门槛嵌条、立柱饰板：均属易损件。

1.2 汽车常用油液

一、汽油

目前市场上汽油有89、92、95、98等标号，这些数字代表汽油的辛烷值，也就是代表汽油的抗爆性，与汽油的清洁度无关。所谓“高标号汽油更清洁”的说法纯属误导。按照发动机的压缩比或汽车使用说明书的要求加油，更科学、更经济，并能充分发挥发动机的作用。

在汽车发动机设计阶段，会根据压缩比设定所用汽油的标号。压缩比是发动机的一个非常重要的结构参数，它表示活塞在下止点压缩开始时的气体体积与活塞在上止点压缩终了时的气体体积之比。从动力性和经济性方面来说，压缩比应该越大越好。压缩比高，动力性好，热效率高，车辆加速性、最高车速等会相应提高。但是受气缸材料性能以及汽油燃烧爆震的制约，发动机的压缩比又不能太大。简单地说，高压缩比车使用高标号的汽油。汽油标号越高，油的燃烧速度就越慢，燃烧爆震就越低，发动机需要较高的压缩比；反之，低标号汽油的燃烧速度较快，燃烧爆震大，发动机压缩比较低。

汽油的标号还涉及发动机点火正时的问题。低标号汽油燃烧速度快，点火角度要滞后；高标号汽油燃烧速度慢，点火角度要提前。例如一台发动机按照说明书要求应加92号汽油，现在加了89号汽油，可能会造成发动机启动困难；加速时，发动机内有清脆的金属碰撞声音；长途行车后，关闭点火开关时发动机抖动。

选择汽油标号的主要依据是发动机的压缩比。盲目使用高标号汽油，不仅会在行驶中产生加速无力的现象，而且其高抗爆性的优势无法发挥出来，还会造成金钱的浪费。

1. 汽油油号

(1) 压缩比。

汽车选择汽油标号的首要标准就是发动机的压缩比，这也是当代汽车的核心节能指标。发动机的运行是由气缸的“吸气—压缩—燃烧—排气—吸气”这样周而复始的运动所组成的，活塞在行程的最远点和最近点时的气缸体积之比就是压缩比。降低油耗的成本最低、效果最好的方法就是提高发动机的压缩比。提高压缩比只是改变活塞行程，混合油气压缩得越厉害，它燃烧的反作用就越大，燃烧就越充分。但压缩比不是轻易能改变的，因为得有另一个指标配合，即汽油的抗爆性指标，亦称辛烷值，即汽油标号。

(2) 爆震与抗爆性。

一般认为，活塞在行程的上止点后10°左右，燃烧产生最大压力时，推动活塞的力度最大(就像是荡秋千，在到达最高点后使劲，能使秋千最快)。比如1000转的时候，燃烧过程相当于曲轴转角的200，就是说提前100点火，发动机最有力；而到了4000转，活塞运动得快了，燃烧过程就相当于曲轴转角的600了，就需要提前500点火。就这样，随着转速的提高，点火的时间是越来越提前，最终会达到一个转速，还没点火油气就烧起来了，这就是爆震。汽油的标号决定了爆震点的早晚，其实也就是决定了发动机的功率大小。汽油的抗爆震性能因它的组成而异。汽油的抗爆震性越高，发动机的压缩比就可能高些，发动机的经济性和动力性都会得到提高。

确定汽油的抗爆震性是很困难的，因为汽油的抗爆震性不仅取决于汽油的性质，还随发动机的型号、空燃比、冷却水温、进气温度、点火提前角、气门定时等而变化。

(3) 辛烷值——标号。

为评定汽油的抗爆震性能，一般采用两种方法：马达法和研究法。评定工作一般在一台专门设计的可变压缩比的单缸发动机上进行。

马达法规定试验工况为：进气温度149 ℃，冷却水温度100 ℃，发动机转速900 r/min，点火提前角为上止点前14°～26°。试验时，先用被测定汽油工作，逐渐改变压缩比，直到爆震仪上指出标准爆震强度为止；然后保持压缩比等条件不变，换用标准汽油工作。标准汽油是由抗爆震性很高的异辛烷 C_8H_{18}(定其辛烷值为100)和易爆燃的正庚烷(定其辛烷值为0)的混合液。逐渐改变异辛烷和正庚烷的比例，直到标准汽油所产生的爆燃强度与上述被测汽油相同时为止。这时标准汽油中所含异辛烷的体积百分数就是被测汽油的辛烷值。辛烷值高，汽油的抗爆震性就好，反之抗爆震性就差。例如：某汽油辛烷值为80，这就是说该汽油与含异辛烷80%和正庚烷20%的混合液的抗爆震性相同。这就是对汽油抗爆震性的评价标准。

研究法与马达法的试验方法相同，只是规定的试验条件不同而已。

研究法规定的工况为：进气温度为51.7 ℃，冷却水温度为100 ℃，发动机转速为600 r/min，点火提前角为13°。

由于马达法规定的条件比研究法的苛刻，因此所测出的辛烷值比较低。同一种汽油用马达法测出的辛烷值为85时，相当于研究法测出的辛烷值为92；马达法为90时，研究法为97。现在加油站用的是研究法辛烷值。

一般来说，工厂提高汽油辛烷值的途径有三个：一是选择良好的原料和改进加工工艺，例如采用催化裂化、重整等二次加工工艺；二是向产品中调入抗爆震性优良的高辛烷值成分，例如异辛烷、异丙苯、烷基苯等；三是加入抗爆剂。

2. 降标用油与超标用油

92号油比89号油贵约5%，但能耗也小5%左右，从百公里(1公里＝1千米)耗油钱量上比，理论上是相等的。但考虑92号油匹配的高压缩比发动机用89号油时会发生二次燃烧和不完全燃烧现象，将额外损失5%～8%的功率，再考虑对车辆造成的维护费增加、车况下降、寿命减少等一系列后果，降标用油的费用就进去了。

汽油是极易挥发的液体，零下30 ℃时仍有可燃成分挥发出来。当汽油标号过低时，压缩的混合油气将在点火前自燃，点火时，已开始自燃的油气又将产生强烈爆炸，使原先精确设计的燃烧程序失控，一部分汽油做了负功，一部分汽油因为燃烧过程与活塞行程不同步而不能完全燃烧，造成进气阀和缸内严重积碳，油耗增加，尾气含污染物较多。当汽车高速行驶时，混乱的燃烧过程将产生连续爆震，它会严重损伤发动机，造成火花塞绝缘破裂、电极过度燃烧、活塞敲缸、活塞环卡死、气门烧蚀等后果。

二、机油

机油，即发动机润滑油，被誉为汽车的“血液”，能对发动机起到润滑、清洁、冷却、密封、减磨等作用。

1. 机油的分类及特征

目前，机油分类体系以美国石油协会(API)品质分类系统使用最为广泛，它是根据机油的工作能力，采用简单的代码来描述发动机机油的。其中“S”类用于汽油发动机，从“SA”一直到“SH”，每递增一个字母，机油的性能就会好过前一种许多，机油中就会有更多用来保护发动机的添加剂。

在机油的特性中，最重要的一点是它的黏度。对于那些低温时黏度小、高温时黏度大、能保证发动机在任何温度下都能正常润滑的机油，我们定义为多级机油。目前市场上的机油统分为矿物油和合成油，最高档的油属合成油。

一般高档车都选择合成油。合成油比一般的矿物油具有较高的黏度指数，随温度转变而产生的黏度变化很小，因此在高温及严寒情况下，仍能维持适当的黏度，从而对发动机提供合适的保护。另外，合成油因氧化而产生酸质、油泥的趋势小，在各种恶劣的操作条件下，对发动机都能提供适当的润滑和有效的保护，因而使发动机具有更长的使用寿命。

2. 机油的选择和使用

1）依品质来区别

机油因其基础油之不同可简分为矿物油及合成油两种(植物油因产量稀少故不计)。两者的最大差别在于：合成油的使用温度更广，使用期限更长，但是成本更高；同样的油膜要求，合成油用较低的黏度就可达成，而矿物油就需用相对于合成油较高的黏度才可达到同等要求。在相同的工作环境里，合成油因为使用期限比矿物油的长很多，因此成本较高，但是比较换油次数之后，总成本并不比矿物油的高多少。

2）依黏度来区分

黏度是指流体(含气体及液体)在流动时的内部摩擦力，即流滞阻力。一般润滑油都会提供在40 ℉及100 ℉时的黏度，40 ℉是相对于冷车时的状况，而100 ℉是高速运转或塞车时的情况。如果黏度太高，所产生的阻力就会相对提高，因此会产生如下不利影响。

(1) 影响冷车时发动机的启动。这在低温时会更明显，例如在冬季时到雪山赏雪，20W-50就不如5W-40易启动。

(2) 增加耗油量。黏度高的机油，阻力也高，会使发动机内部机件的运转产生更大的摩擦阻力，耗油量因而增加。

(3) 增加启动时发动机的磨损。发动机在一段时间没发动时，原本附着在上部的机油会流回油底壳，上部缺乏足够的机油来保护在启动状况下的发动机，如果机油黏度高，流动就慢，因此发动机磨损的几率就会增加。

(4) 如果机油黏度太高，则内部阻力较大，阻力会转换成热能，使机件操作时温度升高。

3. 机油质量的鉴别

1) 新机油质量的鉴别与选用

目前，市场出售的机油并非那么“纯洁”，以次充好、以劣充优的现象普遍存在。当你需要购买机油时，如果不具备质量鉴别和牌号识别能力，应请专门的技术员或经验丰富的技工帮助选择。

(1) 观察机油颜色。

国产正牌散装机油多为浅蓝色，具有明亮的光泽，流动均匀。凡是颜色不均、流动时带有异色线条者均为伪劣或变质机油，若使用此类机油，将严重损害发动机。进口机油的颜色为金黄略带蓝色，晶莹透明，油桶制造精致，图案字码的边缘清晰、整齐，无漏色和重叠现象，否则为假货。

(2) 识别机油牌号和试验黏度。

国产桶装机油分汽油机油和柴油机油两种。汽油机油按黏度分为 HQ-6、HQ-6D、HQ-10 和 HQ-15 四种牌号，气温低时应选用牌号数字小的或带“D”字的机油，气温高时应选用牌号数字大的机油。柴油机油按黏度分为 HC-8、HC-11 和 HC-14 三种牌号，选用原则与汽油机油的相同。随着我国机械行业标准与国际标准逐步接轨，机油的牌号也逐渐与国际标准相适应，目前有些国产机油的牌号已使用进口机油标准牌号，具体选用方法与下述相同。

进口机油的选用方法以丰田纯牌机油为例：高级轿车应使用 5W-40 全天候机油，虽然价格较高，但它能确保高级轿车的润滑效果；增压柴油机应使用 CD-30 机油；一般车辆冬季使用 SG10W-30 机油，夏季使用 SG-30 机油。

(3) 闻气味。

合格的机油应无特别的气味，只略带芳香。凡是对嗅觉刺激大且有异味的机油均为变质或劣质机油，绝对不可使用。

2) 使用中机油的鉴别

鉴别使用中机油的质量，是确定是否需要更换机油的依据。

(1) 搓捻鉴别。

取出油底壳中的少许机油，放在手指上搓捻。搓捻时，如有黏稠感，并有拉丝现象，说明机油未变质，仍可继续使用，否则应更换。

(2) 油尺鉴别。

抽出机油标尺，对着光亮处观察刻度线是否清晰，当透过油尺上的机油看不清刻线时，说明机油过脏，需立即更换。

(3) 倾倒鉴别。

取油底壳中的少量机油注入一容器内，然后从容器中慢慢倒出，观察油流的光泽和黏度。若油流能保持细长且均匀，说明机油内没有胶质及杂质，还可使用一段时间，否则应更换。

(4) 油滴检查。

在白纸上滴一滴油底壳中的机油，若油滴中心黑点很大，呈黑褐色且均匀无颗粒，周围黄色浸润痕迹很小，说明机油变质，应更换；若油滴中心黑点小而且颜色较浅，周围黄色浸润痕迹较大，表明机油还可以使用。

以上检查均应在发动机停机后机油还未沉淀时进行，否则有可能得不到正确结论。因为机油沉淀后，浮在上面的往往是好的机油，这样检查的只是表面现象，而变质机油或杂质存留在油底壳的底部，从而可能造成误检。

三、齿轮油与润滑脂

1. 齿轮油

齿轮油又名传动润滑油，主要用于润滑汽车、拖拉机传动系统中的变速器、减速器和差速器的各种齿轮。齿轮油的黏度较润滑油的大，略呈黑色，因此也称其为黑油。由于齿轮的齿形不同，对齿轮油的要求也不同，一般将齿轮油分为普通齿轮油和双曲线齿轮油。两者应按说明书要求的品种加注，不能混淆。

2. 润滑脂

润滑脂含有稠化剂，其性质与润滑油不同。绝大多数润滑脂由于是半固体，在常温下能保持自己的形状，因此在垂直表面不流失。润滑脂广泛用于润滑汽车各轴承、衬套和钢板弹簧等。

四、制动液

1. 制动液的性能要求

黏温性好，凝固点低，低温流动性好；沸点高，高温下不产生气阻；使用过程中品质变化小，并不引起金属件和橡胶件的腐蚀和变质。

2. 制动液的类型

(1) 蓖麻油-醇型：用精制蓖麻油和乙醇按一定比例配制而成。在寒冷地区，用 34%蓖麻油、13%丙三醇(甘油)、53%乙醇配制成的制动液，在零下 35 ℃左右仍能保证正常制动，但沸点低，易产生气阻。

(2) 合成型：用醚、醇、酯等掺入润滑、抗氧化、防锈、抗橡胶溶胀等添加剂制成，使用性能良好，工作温度可高达 150 ℃，但价格较高。

(3) 矿油型：用精制的轻柴油馏分加入稠化剂和其他添加剂制成，工作温度范围为零下 70 ℃至 150 ℃。它的使用性能良好，但制动系统须配用耐矿油的橡胶件。中国的矿油型制动液分“7 号”和“9 号”两种，“7 号”用于严寒地区，“9 号”用于气温不低于零下 25 ℃的地区。各种制动液不可混存和混用，否则会出现分层而失去作用。

3. 制动液的位置

面包车的一般在方向盘左边；轿车的一般打开发动机盖，在真空助力器那可以找到，也就是在正对刹车的地方，制动主缸上边。

制动液在使用一定的时间后，会出现沸点降低、污染及不同程度的氧化变质。所以应根据气候、环境条件、季节变化及工况及时检查其质量性能，做到及时更换。普通工况下，制动液在使用 2 年或 5 万公里后就应更换。

五、发动机冷却液

冷却液是汽车发动机不可缺少的一部分。它在发动机冷却系统中循环流动，将发动机工作中产生的多余热能带走，使发动机能以正常工作温度运转。除了冷却作用外，冷却液还应具有以下功能。

1. 冬季防冻

为了防止汽车在冬季停车后，冷却液结冰而造成水箱、发动机缸体胀裂，要求冷却液的冰点应低于该地区最低温度 10 ℃左右，以防天气突变。

2. 防腐蚀

冷却液应该具有防止金属部件腐蚀、防止橡胶件老化的作用。

3. 防水垢

冷却液在循环中应尽可能地减少水垢的产生，以免堵塞循环管道，影响冷却系统的散热功能。综上所述，在选用、添加冷却液时，应该慎重。首先，应该根据具体情况去选择合适配比的冷却液；其次，添加冷却液，将选择好配比的冷却液添加到水箱中，使液面达到规定位置即可。

4. 高沸点(防开锅)

符合国家标准的冷却液，沸点通常都超过 105 ℃，比起水的沸点 100 ℃，冷却液能耐受更高的温度而不沸腾(开锅)，在一定程度上满足了高负荷发动机的散热冷却需要。

1.3 汽车轮胎

一、轮胎的作用

目前汽车都采用充气式轮胎，轮胎安装在轮辋上，直接与路面接触，它的功用是：

(1) 支承汽车及货物的总重量，承受路面传来的各种载荷。

(2) 与汽车悬架一起缓和汽车行驶中所受到的冲击，并衰减由此而产生的振动。

(3) 保证车轮和路面有良好的附着性，以提高汽车的动力性、制动性和通过性。

(4) 保证汽车有良好的乘坐舒适性和行驶平顺性。

二、轮胎的类型

按轮胎内空气压力的大小，轮胎可分为高压胎(0.45～0.7 MPa)、低压胎(0.15～0.45 MPa)和超低压胎(0.15 MPa 以下)。低压胎弹性好，减振性能强，壁薄，散热性好，与地面接触面积大，附着性好，因而广泛用于轿车。超低压胎在松软路面上具有良好的通过能力，多用于越野汽车及部分高级轿车。

按有无内胎，轮胎可分为有内胎轮胎和无内胎轮胎(即真空胎)。目前，轿车上普遍采用真空胎。

按帘布层结构的不同，轮胎可分为斜交轮胎和子午线轮胎。目前，子午线轮胎在汽车上应用广泛。斜交轮胎和子午线轮胎如图 1-35 所示。

轮胎按照胎面花纹的不同，可分为普通花纹轮胎、越野花纹轮胎、混合花纹轮胎，如图 1-36 所示。

三、轮胎的标记

轮胎的标记直接标注在轮胎的侧壁上，如图 1-37 所示。

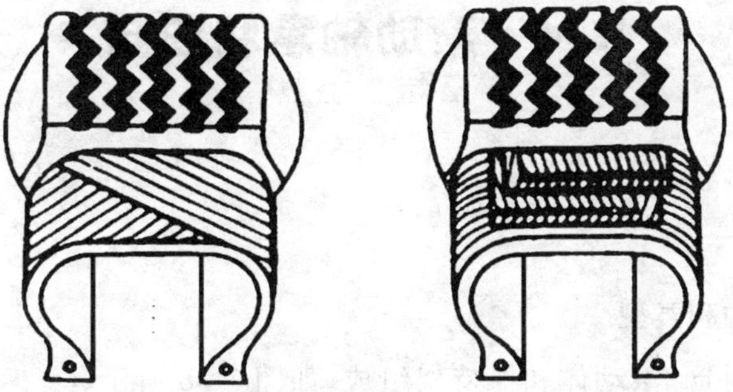

（a）斜交轮胎　　（b）子午线轮胎

图 1-35　斜交轮胎和子午线轮胎

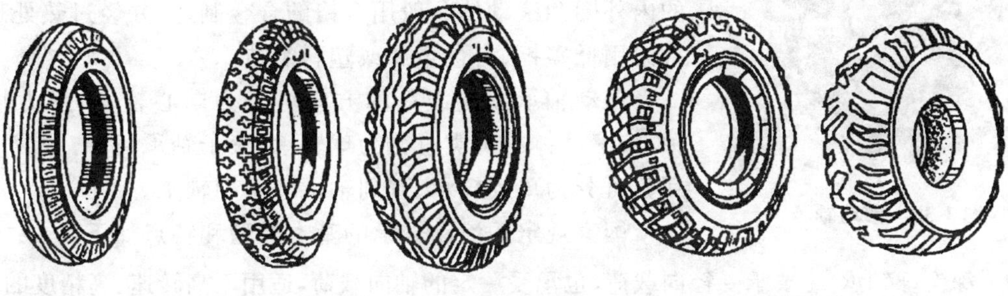

普通花纹　　混合花纹　　越野花纹

图 1-36　胎面花纹不同的轮胎

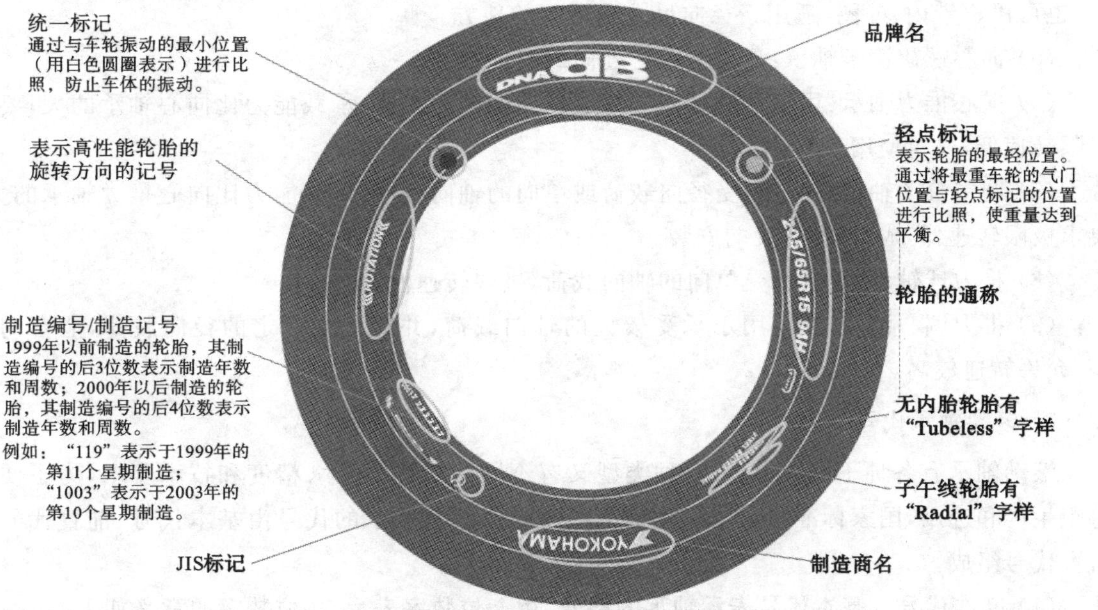

图 1-37　轮胎的标记

1.4 滚动轴承和油封

一、滚动轴承

1. 滚动轴承的结构和类型

滚动轴承由内圈、外圈、滚动体和保持架组成,如图 1-38 所示。

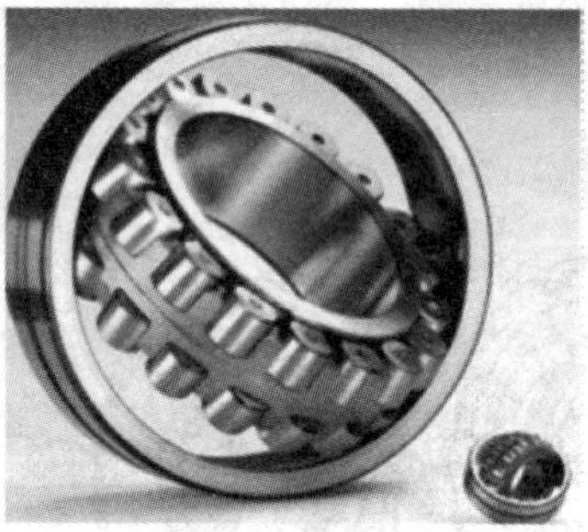

图 1-38 滚动轴承

内圈装在轴颈上,外圈装在机座或零件的轴承孔内。内圈外圆上和外圈内孔内有滚道,当内外圈相对旋转时,滚动体将沿着滚道滚动。保持架用来把滚动体均匀地隔开。滚动轴承的内外圈和滚动体一般用含铬的合金制造,并经过热处理。保持架用低碳钢、有色金属或塑料制造。

滚动轴承按受载荷的方向可分为向心轴承、推力轴承两种,按滚动体的种类可分为球轴承、滚子轴承两种,按滚动体的列数可分为单列轴承、双列轴承和系列轴承。

国家规定的滚动轴承的基本类型和特点如下。

(1) 深沟球轴承:主要承受径向载荷,也承受一定的轴向载荷,适用于高转速、高精度的地方。

(2) 调心轴承:主要承受径向载荷,也能承受轴向载荷,可以自动定心。

(3) 圆柱滚子轴承:主要用于承受较大的纯径向载荷的地方。

(4) 滚针轴承:只能承受纯径向载荷,承受能力较大,高速、低速都可使用,一般没有保持架,也可以不带内、外圈,适用于径向尺寸受限制的地方。

(5) 向心螺旋滚子轴承:只用于承受径向载荷的地方。

(6) 向心推力轴承:用于承受径向载荷或单向的轴向载荷,承载能力比向心轴承的大,要求极限转速低,成对使用,反向安装。

(7) 圆锥滚子轴承:用于承受径向载荷或单向的轴向载荷,承载能力比向心推力轴承的大,要求极限转速低,成对使用,反向安装。

(8) 推力球轴承:用于承受单向的轴向载荷,极限转速低。

(9) 推力调心滚子轴承:用于承受较大的轴向载荷,并能承受一定的径向载荷,能自动定心,允许转速较高。

2. 滚动轴承代号

滚动轴承有各种不同的类型,各种类型又有不同的结构、尺寸、精度和技术要求,为了便于组织生产和选用,国家标准规定了滚动轴承的代号。滚动轴承的代号由基本代号、前置代号及后置代号组成。

(1) 基本代号。基本代号表示轴承的型号,用七位数字表示,各位数字的意义如下。

① 内径代号。右起第一、二位数字表示轴承的内径,其中除 00 表示内径为 10 mm、01 为 12 mm、02 为 15 mm、03 为 17 mm 以外,从 04 起其内径尺寸为该号数乘以 5,如 08×5=40,即 08 表示内径为 40 mm。

② 直径系列代号。右起第三位数字表示轴承的系列，这是为使相同内径的轴承有不同的外径宽度。这种变化称为直径系列。

③ 类型代号。右起第四位数字表示轴承的类型。各类轴承的代号如下：

0——双列角接触球轴承，1——调心球轴承，2——调心滚子轴承和推力调心滚子轴承，3——圆锥滚子轴承，4——双列深沟球轴承，5——推力球轴承，6——深沟球轴承，7——角接触球轴承，8——推力圆柱滚子轴承，N——圆柱滚子轴承，NN——双列或多列圆柱滚子轴承，U——外球面球轴承，QJ——四点接触球轴承。

④ 结构特点代号。右起第五、六位数字表示轴承的结构特点。若为正常结构，则代号可不写出。

⑤ 宽度系列代号。右起第七位数字表示轴承的宽度系列，对内径尺寸相同的轴承配以不同的宽度。在宽度为正常系列时，代号可不写出。

由于通常所采用的轴承多为正常结构，且宽度无特殊要求，故代号右起第五、六、七位数字均可省略，因此常见的轴承代号多为四位数字。

(2) 后置代号。轴承的后置代号是用字母和数字等表示轴承的结构、公差及材料的特殊要求等。后置代号的内容很多，下面介绍几个常用的代号。

① 内部结构代号是表示同一类型轴承的不同内部结构，用字母紧跟着基本代号表示。如：接触角为 15°、25°和 40°的角接触球轴承分别用 C、AC 和 B 表示内部结构的不同。

② 轴承的公差等级分为 2 级、4 级、5 级、6 级、6x 级和 0 级，共 6 个级别，依次由高级到低级，其代号分别为/P2、/P4、/P5、/P6、/P6x 和/P0。公差等级中，6x 级仅适用于圆锥滚子轴承；0 级为普通级，在轴承代号中不标出。

③ 常用的轴承径向游隙系列分为 1 组、2 组、0 组、3 组、4 组和 5 组，共 6 个组别，径向游隙依次由小到大。0 组游隙是常用的游隙组别，在轴承代号中不标出，其余的游隙组别在轴承代号中分别用/C1、/C2、/C3、/C4、/C5 表示。

(3) 前置代号。基本代号的前面有两位前置代号，右起第一位表示轴承的精度等级，用字母表示。国家标准规定：C 为超精级，D 为精密级，E 为高级，F 为较高级，G 为普通级，其中 G 级精度最低，其精度代号可不写出。右起第二位表示游隙系列，用数字表示。

举例：轴承代号 C203 表示的意义是 C 表示 C 级精度，2 表示轻系列，03 表示轴承内径为 17 mm；又如轴承代号 6312 表示的意义是 6 表示深沟球轴承，3 表示中系列，12 表示轴承内径为 60 mm。

二、油封

油封俗称护油圈，是汽车中保护转动部件不可少的非金属配件，如图 1-39 所示。常用的骨架式油封一般由金属骨架环、钢丝弹簧圈及橡胶密封层三部分组成。其作用是一方面防止泥沙、灰尘、水汽等侵入轴承中，另一方面限制轴承中的润滑油漏出。

图 1-39 油封

对油封的要求是尺寸（内径、外径和厚度）应符合规定；要求有适当的弹性，能将轴适当地卡住，起到密封作用；要耐热、耐磨、强度好、耐介质（油或水等），使用寿命长。

复习与思考

1. 进、排气歧管的常见故障有哪些?
2. 离合器总成的常见故障有哪些?
3. 车身易损件有哪些?
4. 如何选择汽油标号?
5. 机油如何选择和使用?
6. 制动液的性能要求有哪些?
7. 冷却液的功能有哪些?

第2章
汽车配件财务管理

2

知识目标

（1）了解财务结算的方式、方法。

（2）了解支票的使用及填写。

（3）了解财务票据的种类等。

能力目标

（1）了解财务结算的方式、方法。

（2）掌握支票的使用及填写。

【案例导入】

小王是一家汽车配件经销公司的实习生，这是他上班的第二天。他按照上班的时间早早地来到单位，先把办公室的地板、桌椅打扫干净，然后又把玻璃擦了擦。

公司的李会计也准时来到了办公室，他对小王说："今天主要让你浏览一下公司以前所制的凭证。"

一提到凭证，小王想："这不是我的强项吗？以前在学校做过的会计模拟实习，不就是凭证的填制吗？"小王心想这很简单，所以对凭证也就一扫而过，总以为凭着记忆，加上学校里学的理论，对于区区原始凭证，可以熟练掌握。也就是这种浮躁的态度让小王忽视了会计循环的基石——会计分录，以至于后来李会计让他尝试制单时，他手足无措了。这时候小王才想到李会计的良苦用心，于是只能晚上回家补课了。小王把《基础会计》搬出来，认真地看了一下，又把公司日常较多使用的会计业务认真读透。毕竟会计分录在书本上可以学习，可一些银行账单、汇票、发票联等就要靠实习时才能真正接触。别以为光是认识就行了，还要把所有的单据按月按日分门别类，并把每笔业务的单据整理好，用图钉装订好，才能为记账做好准备，这就是汽车配件经销企业所要从事的会计工作。

销售的最终成果是通过财务来体现的，企业往往通过投资回报率、每股收益率等指标来评估销售成果。作为销售管理人员，在工作过程中，不可避免会遇到支付、结算等与财务有关的知识。因此，具有一定的财务知识能够有助于销售管理人员开展销售工作。

2.1 有关销售的财务术语

与销售相关的财务术语主要有成本、销售成本、销售费用、市场占有率、盈亏平衡点、毛利率、销售成本率等。

1. 成本

成本包括变动成本和固定成本两部分。

变动成本是指那些成本的总发生额在相关范围内随着业务量的变动而呈线性变动的成本。如原材料、包装、销售人员的佣金就是变动成本。

固定成本是指在一定的范围内不随产品产量或商品流转量变动的那部分成本，除佣金外的所有营销成本都被视为固定成本。

单位产品的成本由上述两种成本共同决定，分清哪些成本是变动成本，哪些成本是固定成本很重要。

2. 销售成本

销售成本指已销售产品的生产成本或已提供劳务的劳务成本以及其他销售的业务成本。它包括主营业务成本和其他业务支出两部分。

主营业务成本是企业销售产品、半成品及提供工业性劳务等业务所形成的成本。

其他业务支出是企业销售材料、出租包装物、出租固定资产等业务所形成的成本。

3. 销售费用

销售费用指企业在销售产品、自制半成品和提供劳务等过程中发生的费用，包括由企业负担的包装费、运输费、广告费、装卸费、保险费、委托代销手续费、展览费、租赁费（不含融资租赁费）和销售服务费、销售部门人员工资、职工福利费、差旅费、办公费、折旧费、修理费、物料消耗、低值易耗品摊销及其他经费等。差旅费、低值易耗品摊销是包括在管理费用里面的。

4. 市场占有率

市场占有率指一个公司的产品销售量占该类产品整个市场销售总量的比例。公式为：市场占有率＝公司销售总量/市场总量。假设某一配件的市场总量为 32 万件，盈亏平衡销售水平为 5 万件，那么，盈亏平衡所要达到的市场占有率＝50 000/320 000＝15.6%。

5. 盈亏平衡点

在确定为补偿所有相关固定成本而必须销售的数量或金额时，这样的销售水平被称为盈亏平衡点。以数量表示的盈亏平衡点＝总固定成本/单位贡献毛利，以金额表示的盈亏平衡点＝总固定成本/[1－(单位变动成本/单位销售价格)]。

6. 毛利率

企业成本价与售价之间的差额称为毛利或加价，即销售价格＝成本＋毛利。在营销中，通常将毛利率表示为售价的百分比，即毛利率＝(销售收入－销售成本)/销售收入×100%。以这种方式表示毛利更便于操作。

7. 销售成本率

与毛利率相对应，销售成本率是用以反映企业每元销售收入所需的成本支出。

销售成本率＝销售成本/销售收入净额×100%。

8. 销售利润率

销售利润率是指一定时期的销售利润总额与销售收入总额的比率。

9. 资金利润率

资金利润率是指一定时期的销售利润总额与资金平均占用额的比率。

10. 销售净收入

销售净收入是指扣除销售折让、销售折扣和销售退回之后的销售净额。

11. 成本利润率

成本利润率是指一定时期的销售利润总额与销售成本总额之比。

2.2 财务结算的方式

财务结算按货币支付方式的不同，分为现金结算和转账结算。

现金结算是购销双方直接使用现金进行财务结算；转账结算则是购销双方使用银行规定的票据和结算凭证，通过银行划账的方式进行财务结算。除小额配件销售采用现金结算以外，配件经营企业大多采用转账结算的方式。

转账结算的方式包括票据结算、信用卡结算及其他结算方式。其中，票据结算方式又包括银行汇票、银行本票、支票、商业汇票，其他结算方式包括汇兑、委托收款、托收承付。

一、汇票

汇票是出票人签发的，委托付款人在见票时或者在指定日期无条件支付确定的金额给收款人或者持票人的票据。汇票分为银行汇票和商业汇票。

1. 银行汇票

银行汇票是出票银行签发的，由其在见票时按照实际结算金额无条件支付给收款人或者持票人的票据。银行汇票的出票银行为银行汇票的付款人。单位和个人的各种款项结算，均可使用银行汇票。银行汇票可以用于转账，注明“现金”字样的银行汇票也可以用于支取现金。

银行汇票的特点：① 无起点金额；② 无地域限制；③ 企业和个人均可申请；④ 收、付款人均为个人时，可申请现金银行汇票；⑤ 一般有效期自出票日起 1 个月；⑥ 现金银行汇票可以挂失；⑦ 见票即付，在票据有效期内可以办理退票。

2. 商业汇票

商业汇票是出票人签发的，委托付款人在指定日期无条件支付确定的金额给收款人或者持票人的票据。

商业汇票分为商业承兑汇票和银行承兑汇票。由于我国各商业银行的具体规定不同，银行承兑汇票分为手写体和打印体两种，分别如图 2-1 和图 2-2 所示。

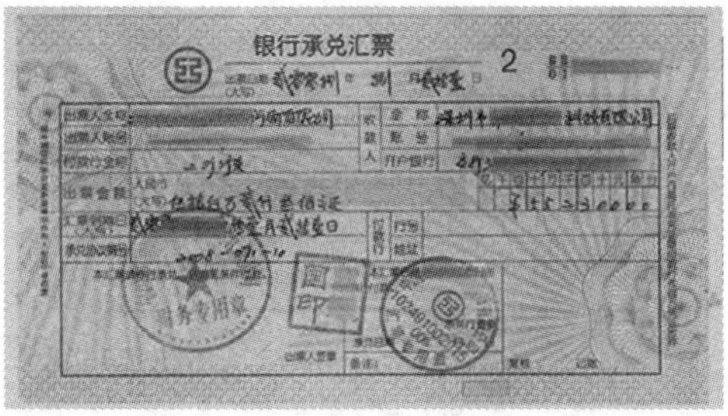

图 2-1　手写版的银行承兑汇票

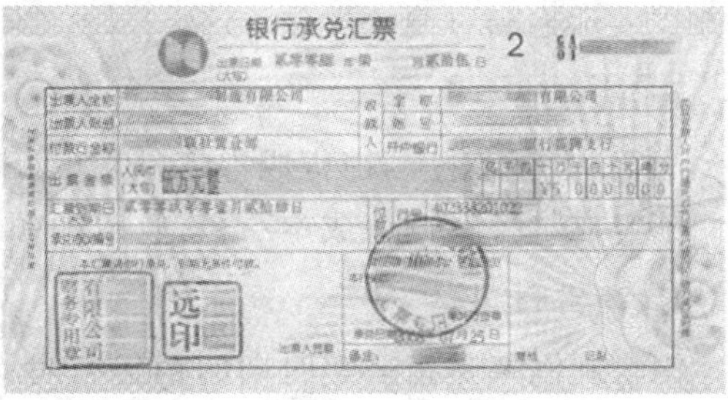

图 2-2　打印版的银行承兑汇票

商业汇票的付款期限最长不得超过 6 个月。商业汇票的提示付款期限为自汇票到期日起 10 日。

商业承兑汇票由银行以外的付款人承兑，银行承兑汇票由银行承兑。商业汇票的付款人为承兑人。

在银行开立存款账户的法人以及其他组织之间，必须具有真实的交易关系或债权债务关系，才能使用商业汇票，个人不能用商业汇票。

二、银行本票

银行本票（图 2-3）是银行签发的，承诺自己在见票时无条件支付确定的金额给收款人或者持票人的票据。单位和个人在同一票据交换区域需要支付各种款项时，均可以使用银行本票。

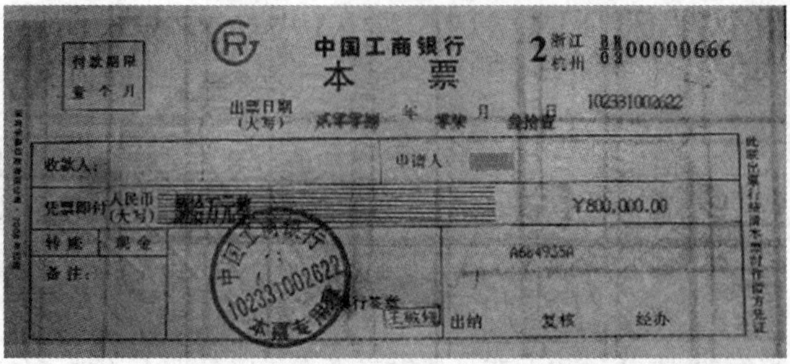

图 2-3　银行本票

银行本票可以用于转账，注明“现金”字样的银行本票可以用于支取现金。银行本票按照其金额是否固定可分为不定额和定额两种。不定额银行本票是指凭证上金额栏是空白的，签发时根据实际需要填写金额(起点金额为 5000 元)，并用压数机压印金额的银行本票；定额银行本票是指凭证上预先印有固定面额的银行本票，一般其面额为 1000 元、5000 元、10 000 元和 50 000 元，其提示付款期限自出票日起最长不得超过 2 个月。

银行本票结算特点：① 使用方便；② 信誉度高，支付能力强；③ 不定额银行本票无起点金额限制，银行本票见票即付。

三、支票

支票是出票人签发的，委托办理支票存款业务的银行或者其他金融机构在见票时无条件支付确定的金额给收款人或者持票人的票据。

支票上印有“现金”字样的为现金支票，现金支票(图 2-4)只能用于支取现金；支票上印有“转账”字样的为转账支票，转账支票(图 2-5)只能用于转账；支票上未印有“现金”或“转账”字样的为普通支票，普通支票可以用于支取现金，也可以用于转账；在普通支票左上角划两条平行线的为划线支票，划线支票只能用于转账，不得支取现金。

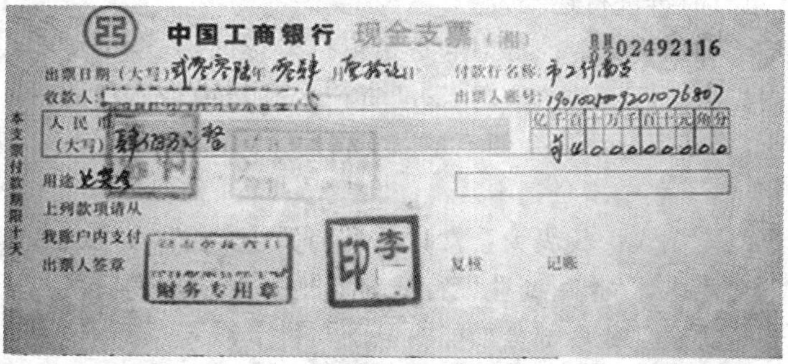

图 2-4 现金支票

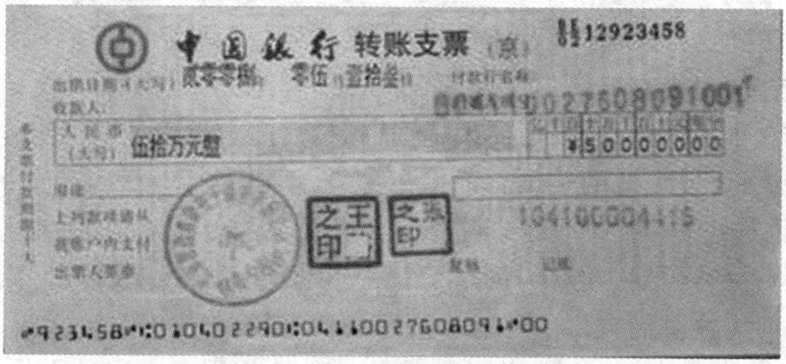

图 2-5 转账支票

汇票、银行本票和支票这三种票据结算方式的比较与区别如图 2-6 所示。

四、信用卡

信用卡(credit card)又称为贷记卡，是一种非现金交易付款的方式，是简单的信贷服务。

信用卡一般是长 85.60 毫米、宽 53.98 毫米、厚 1 毫米的具有消费信用的特制载体塑料卡片，是银行向个人和单位发行的卡片，凭此可向特约单位购物、消费和向银行存取现金。它的正

名　称	汇款人	出票人	付款人	收款人	使用范围
银行汇票	单位或个人（缴纳保证金）	银行	银行		异地转账、结算或支取现金
商业汇票（银行承兑）		企事业单位	银行	销货方	同城或异地（可贴现、背书转让）
商业汇票（商业承兑）		企事业单位	企事业单位	销货方	同城或异地（可贴现、背书转让）
银行本票		银行	银行		同一票据交换区内转账和支取现金（可背书转让）
支票		单位或个人	银行		同一票据交换区内转账和支取现金

图 2-6　汇票、银行本票和支票这三种票据结算方式的比较与区别

面一般印有发卡银行名称、有效期、卡号等内容，卡面有芯片、磁条、签名条。

信用卡由银行或信用卡公司依照用户的信用度与财力发给持卡人，持卡人持信用卡消费时无须支付现金，待账单日时再进行还款。

信用卡分为贷记卡和准贷记卡。贷记卡是指银行发行的，并给予持卡人一定信用额度，持卡人可在信用额度内先消费后还款的信用卡；准贷记卡是指银行发行的，持卡人须先按要求交存一定金额的备用金，当备用金账户余额不足以支付时，可在规定的信用额度内透支的信用卡。我们通常所说的信用卡，一般单指贷记卡。

我国有关法律（如《全国人民代表大会常务委员会关于〈中华人民共和国刑法〉有关信用卡规定的解释》）规定的信用卡，是指由商业银行或者其他金融机构发行的具有消费支付、信用贷款、转账结算、存取现金等全部或者部分功能的电子支付卡。

1. 产品起源

最早的信用卡出现于 19 世纪末。19 世纪 80 年代，英国服装业发展出所谓的信用卡，旅游业与商业部门也都跟随这个潮流。但当时的卡片仅能进行短期的商业赊借行为，款项还是要随用随付，不能长期拖欠，也没有授信额度。

据说 20 世纪 50 年代的一天，美国商人、曼哈顿信贷专家弗兰克·麦克纳马拉在纽约一家饭店招待客人用餐，就餐后发现他的钱包忘记带在身边，不得不打电话叫妻子带现金来饭店结账，因而深感难堪，于是麦克纳马拉产生了创建信用卡公司的想法。1950 年春，麦克纳马拉与他的好友施奈德合作投资一万美元，在纽约创立了“大来俱乐部”（Diners Club），即大来信用卡公司的前身。大来俱乐部为会员们提供一种能够证明身份和支付能力的卡片，会员凭卡片到指定的 27 间餐厅就餐可以记账消费，不必付现金，这就是最早的信用卡。这种无须银行办理的信用卡的性质属于商业信用卡。

1952 年，美国加利福尼亚州的富兰克林国民银行作为金融机构首先发行了银行信用卡，成为第一家发行信用卡的银行。

1959 年，美国的美洲银行在加利福尼亚州发行了美洲银行卡。此后，许多银行加入了发卡银行的行列。到了 20 世纪 60 年代，银行信用卡很快受到社会各界的普遍欢迎，并得到迅速发展，信用卡不仅在美国，而且在英国、日本、加拿大及其他欧洲各国也盛行起来。从 20 世纪 70 年代开始，新加坡、马来西亚、中国香港、中国台湾等发达或发展中国家和地区也开始办理信用卡业务。

由于以前国内没有信用卡，甚至没有任何信用卡功能的储蓄卡，所以真正的信用卡反而只能冠以“贷记卡”这种不伦不类的称呼。真正的信用卡具有以下特点：不鼓励预存现金，先消费后还款；享有免息还款期，可自主分期还款（有最低还款额）；加入 VISA、MasterCard、JCB 等国际信用卡组织，以便全球通用。

20 世纪 60 年代，信用卡在美国、加拿大和英国等欧美发达国家萌芽并迅速发展，经过五十多年的发展，信用卡已在全球 95%以上的国家得到广泛受理。20 世纪 80 年代，随着改革开放和市场经济的发展，信用卡作为电子化和现代化的消费金融支付工具开始进入中国，并在近十年的时间里得到了跨越式的长足发展。

在经历了金融危机以及国内经济的起伏后，我国信用卡市场在 2010 年有所回暖。截至 2010 年底，国内信用卡发行总量已突破 2 亿张。2010 年全国信用卡跨行交易金额达到 5.11 万亿元，消费金额 2.7 万亿元，信用卡消费在社会消费品零售总额中所占的比重不断提升。

《2013—2017 年中国信用卡行业深度调研与投资战略规划分析报告》显示，自 2010 年以来，为了抑制资产价格过快上涨和控制通货膨胀，中国政府实施了稳健的货币政策，并采取了一系列适度紧缩措施，表明宏观审慎和强化资本监管成为当下中国银行业监管的核心，各项紧缩性货币供给操作和资本约束政策对中国商业银行的流动性水平、信贷投放节奏和结构都产生了深远的影响。分析认为，行业格局的演进状况使得产品组合进一步优化、多元化，也加大了对新行业标准和移动支付的研发力度，信贷渗透深化，分期业务向纵深发展。

2012 年 2 月，银行证实信用卡无密码更安全，若盗刷银行同担责任；享有 25～56 天（或 20～50 天）的免息期；刷卡消费享有免息期，到期还款日前还清账单金额，不会产生费用；取现无免息还款期，从取现当天起计算万分之五的日息，银行还会收取一定比例的取现手续费。

中国信用卡市场依然是中国个人金融服务市场中成长最快的产品线之一，虽然行业经济效益充满挑战，但受规模效益以及消费者支出增长的推动，今后 10 年间中国信用卡发卡量的年均增速将保持在 14%左右，盈利状况也将趋向好转，预计到 2020 年，中国信用卡的累计发卡量将超过 8 亿张。

2. 产品种类

(1) 按发卡机构的不同，可分为银行卡和非银行卡。

银行卡：这是银行所发行的信用卡，持卡人可在发卡银行的特约商户购物消费，也可以在发卡银行所有的分支机构或设有自动柜员机的地方随时提取现金。

非银行卡：这种卡又可以具体地分成零售信用卡和旅游娱乐卡。零售信用卡是商业机构所发行的信用卡，如百货公司、石油公司等，专用于在指定商店购物或在加油站加油等，并定期结账；旅游娱乐卡是服务业发行的信用卡，如航空公司、旅游公司等，用于购票、用餐、住宿、娱乐等。

(2) 按发卡对象的不同，可分为公司卡和个人卡。

公司卡：发行对象为各类工商企业、科研教育等事业单位、国家党政机关、部队、团体等法人组织。

个人卡：发行对象为城乡居民个人，包括工人、干部、教师、科技工作者、个体经营户，以及其他成年的、有稳定收入来源的城乡居民。个人卡是以个人的名义申领并由其承担用卡的一切责任的卡种。

(3) 根据持卡人的信誉、地位等资信情况的不同，可分为普通卡和金卡。

普通卡：是对经济实力和信誉、地位一般的持卡人发行的，对其各种要求并不高。

金卡：是一种缴纳高额会费、享受特别待遇的高级信用卡，发卡对象为信用度较高、偿还能力及信用较强或有一定社会地位者。金卡的授权限额起点较高，附加服务项目及范围也宽得多，因而对有关服务费用和担保金的要求也比较高。

(4) 根据清偿方式的不同，可分为贷记卡和准贷记卡。

贷记卡：是发卡银行提供银行信用款时，先行透支使用，然后再还款或分期付款的一种信用卡，也就是说允许持卡人在信用卡账户上无存，其清偿的方式为"先消费，后存款"。国际上流通使用的大部分都是这类卡。

准贷记卡：是银行发行的一种先存款后消费的信用卡。持卡人在申领信用卡时，需要事先在发卡银行存有一定的款项以备用，持卡人在用卡时需以存款余额为依据，一般不允许透支。目前我国各银行发行的信用卡基本上属于准贷记卡，但是允许持卡人进行消费用途的善意、短期、小额的透支，根据不同的卡种，规定不同的限额，并在规定的期限内还款，同时支付利息。因此，准贷记卡实质上是具有一定透支功能的借记卡。

(5) 根据信用卡流通范围的不同，可分为国际卡和地区卡。

国际卡：是一种可以在发行国之外使用的信用卡，全球通用。境外五大集团(万事达卡国际组织、维萨国际组织、美国运通国际股份有限公司、JCB 日本国际信用卡公司和大来信用卡有限公司)分别发行的万事达卡(MasterCard)、维萨卡(VISA card)、美国运通卡(American Express card)、JCB 卡(JCB card)和大来卡(Diners Club card)多数属于国际卡。

地区卡：是一种只能在发行国国内或一定区域内使用的信用卡。我国商业银行所发行的各类信用卡大多数属于地区卡。

3. 主要特点

信用卡的主要特点如下：

(1) 信用卡是当今发展最快的一项金融业务之一，它是一种可在一定范围内替代传统现金流通的电子货币；

(2) 信用卡同时具有支付和信贷两种功能，持卡人可用其购买商品或享受服务，还可通过使用信用卡从发卡机构获得一定的贷款；

(3) 信用卡是集金融业务与电脑技术于一体的高科技产物；

(4) 信用卡能减少现金货币的使用；

(5) 信用卡能提供结算服务，方便购物消费，增强持卡人的安全感；

(6) 信用卡能简化收款手续，节约社会劳动力；

(7) 信用卡能促进商品销售，刺激社会需求。

1) 优点

信用卡相比普通银行储蓄卡来说，最方便的使用方式就是可以在卡里没有现金的情况下进行普通消费，在很多情况下只要按期归还消费的金额就可以了。

不需要存款即可透支消费，并可享有 20～56 天的免息期，按时还款利息分文不收(大部分银行取现当天就会收取万分之五的利息，还有 2%的手续费，工商银行取现免收手续费，只收利息)。

购物时刷卡不仅安全、方便，还有积分礼品赠送。

持卡在银行的特约商户消费，可享受折扣优惠。

积累个人信用，在用户的信用档案中增添诚信记录，让用户终生受益。

全国通行无障碍,在有银联标识的ATM和POS机上均可取款或刷卡消费(信用卡只适合刷卡消费,最好不要取现,取现手续费用很高,很不划算)。

刷卡消费、部分信用卡取现有积分,全年多种优惠及抽奖活动,让用户只要用卡就能时刻感到惊喜(多数信用卡网上支付无积分,但网上购物支付很方便、快捷)。

每月免费邮寄对账单,让用户透明掌握每笔消费支出(现提倡绿色环保,可取消纸质对账单,更改为电子对账单)。

特有的附属卡功能,适合夫妻共同理财,或掌握子女的财务支出。

自由选择的一卡双币形式,全世界通行,境外消费可以境内人民币还款。

400电话或9字打头的5位数短号24小时服务,挂失即时生效,失卡零风险。

拥有有效期:已知国内信用卡有效期一般为三年或五年。

利用第三方平台(国内支持信用卡账单管理的平台主要是聚金豆)进行商务合作,为持卡人提供优惠服务。

2) 缺点

信用卡的发明像一把双刃剑,可以解决经济上的暂时危机,但银行发行信用卡的目的是赚钱,一旦超过无息还款的时间,就会收取高额的利息,一般是每天万分之五的利息。

盲目消费:刷卡不像付现金那样一张一张地把钞票花出去,一刷,用户没什么感觉,只觉得减少了几个数字,导致用户盲目消费,花钱如流水。

过度消费:笔记本分期,数码相机分期,智能手机分期,在提前享用心仪物品的同时,用户还要考虑是否有能力偿还。

利息高:如果你不会打理信用卡,导致最后还款日到了也不能如期还款,银行会向你收取高额利息(贷记卡的首月最低还款不得低于其当月透支金额的10%)。

需交年费:信用卡基本上都有年费,但基本上都有免年费的政策,比如建行一年只要刷三次就可以免了;但是用户若没达到银行每年指定的刷卡次数,则需要收取年费。

盗刷:信用卡基本上默认是免密码刷卡消费的,这就很容易在丢失或被盗时被他人盗刷,造成不必要的麻烦或损失。但其实信用卡同时也是可以申请凭密码刷卡消费的——这就要看用户怎样管理自己的信用卡了。当然,很多用户因为缺乏这方面的经验,注销了信用卡后没销户,被一些不法分子重新申请信用卡并恶意透支,造成用户的损失,很不值得。

影响个人信用记录:长期恶意欠款,自然会影响个人信用记录,甚至被银行打入黑名单,以后要向银行贷款买房买车,就很有可能被银行拒绝。

还款麻烦:每月要跑银行,而银行常常人满为患,网上还款不是每个人都会的。

注销麻烦:央视曾报道过,曾有持卡人还清所有欠款,注销信用卡几个月后仍收到银行账单,之后的事把他折腾得苦不堪言,这篇报道揭露了现今信用卡的弊端。

信用卡虽然有免息期,但只针对刷卡消费,套现没有免息期,而且还要收取手续费。

4. 申请流程

1) 申请

多数情况下,具有完全民事行为能力的、有一定直接经济来源的公民,可以向发卡银行申请信用卡,有时法人也可以作为申请人。

申领信用卡的对象可以分为单位和个人。申请的单位应为在我国境内具有独立法人资格的机构、企事业单位、三资企业和个体工商户。每个单位申请信用卡可根据需要领取一张主卡和多张(5~10张)附属卡。个人申领信用卡则必须具有固定的职业和稳定的收入来源,并向银行提供担保。担保的形式包括个人担保、单位担保和个人资金担保。

申请方式一般是通过填写信用卡申请表，申请表的内容一般包括申请人的名称、基本情况、经济状况或收入来源、担保人及其基本情况等，并需申请人提交一定的证件复印件与证明等给发卡银行。申请人按照申请表的内容如实填写后，在递交填写完毕的申请表的同时还要提交有关资信证明。申请表都附带有使用信用卡的合同，申请人授权发卡银行或相关部门调查其相关信息，以及提交信息真实性的声明、发卡银行的隐私保护政策等，并要有申请人的亲笔签名。

2）审查

发卡银行接到申请人交来的申请表及有关材料后，要对申请人的信誉情况进行审查。审查的内容主要包括申请表的内容是否属实，对申请的单位还要对其资信程度进行评估，对个人还要审查担保人的有关情况。

通常，银行会根据申请资料，考察申请人多方面的资料与经济情况，来判断是否发信用卡给申请人。考虑的因素有：申请人过去的信用记录、申请人已知的资产、职业特性等。发卡银行审核的具体因素与过程属于商业机密，外界一般很难了解，各个发卡银行的标准也不尽相同。因此，同样的材料在不同的银行可能会出现核发的信用额度不同，信用卡的种类不同，甚至会出现有的银行审核通过，而有的银行拒发的情况。

3）发卡

申请人申领信用卡成功后，发卡银行将为持卡人在发卡银行开立单独的信用卡账户，以供购物、消费和取现后进行结算。

4）开卡

由于信用卡申请通过后是通过邮寄等方式将卡片寄出，所以并不能保证领取人就是申请人。为了使申请人和银行免遭盗刷损失，信用卡在正式启用前设置了开卡程序。开卡主要是通过电话或者网络等，核对申请时提供的相关个人信息，符合后即完成开卡程序。此时申请人变为卡片持有人，在卡片背后签名后即可正式开始使用。信用卡开卡后一般需同时为卡设立密码。

信用卡特约商户或银行受理信用卡后，要审查信用卡的有效性和持卡人的身份。

5）辨识

信用卡卡面上至少有如下信息：

正面：发卡银行名称及标识、信用卡类别（组织标识）及全息防伪标记、卡号、英文或拼音姓名、启用日期（一般计算到月）、有效日期（一般计算到月），最新发行的卡片正面附有芯片，芯片账户与卡磁条账户为相对独立的两个账户。

背面：卡片磁条、持卡人签名栏（启用后必须签名）、服务热线电话、卡号末四位号码或全部卡号（防止被冒用）、信用卡安全码（在信用卡背面的签名栏上，紧跟在卡号末四位号码的后面的三位数字，用于信用卡激活，密码管理，电视、电话及网络交易等）。

6）授权

商户、银行确认信用卡有效，根据与发卡银行签订的合同与银行联系，请求授权。授权是进一步证实持卡人的身份可以使用的金额。授权一般在超过合同规定的使用金额时进行。

发卡银行收到授权通知后，根据持卡人存款账户的存款余额及银行允许透支的协议情况发出授权指令，答复是否同意进行交易。

7）使用

信用卡通常仅限于持卡人本人使用，外借给他人使用一般是违反使用合同的。

8）销卡

信用卡销卡前，账户余额必须清零，销卡在申请提出后的 45 天内完成销卡的全部流程。

5. 使用状况

1）POS 机刷卡

在 POS 机上刷卡是信用卡最常见的使用方式，是一种联网刷卡的方式。刷卡时，操作员应首先查看信用卡的有效期和持卡人姓氏等信息；然后，根据发卡银行以及需要支付的货币种类选择相应的 POS 机，将磁条式信用卡的磁条在 POS 机上划过，或者将芯片式信用卡插入卡槽，连通银行等支付网关，输入相应的金额；远程支付网关接受信息后，POS 机会打出刷卡支付的收据（至少是两联），持卡人检查支付收据上的信息无误后应在此收据上签字；操作员核对收据上的签名和信用卡背后的签名（包括姓名完全相符和笔迹基本相符）后，将信用卡及刷卡支付收据的一联给持卡人。至此，POS 机上的刷卡程序完成。

2）RFID 机拍卡

在 RFID 机上以拍卡感应是一种新类型的信用卡使用方式，亦是联网方式的一种。拍卡时，操作员应首先查看信用卡的有效期和持卡人姓氏等信息；然后，根据发卡银行以及需要支付的货币种类选择相应的拍卡机，输入相应的金额，将信用卡平放于感应器上方不多于 10 cm 的地方，RFID 机感应到信用卡后会发出讯号声响，然后继续运作程序；远程支付网关接受信息后，打印机（如已连接）会打出拍卡支付的收据，但与以往方式不同，持卡人无须签字，比以往方式更快捷、更方便。至此，RFID 机上的拍卡感应程序完成。

3）手工压单

手工压单通常在没有 POS 机或不能联网的情况下使用。压单操作必须有压敏复写式的“直接签购单”（至少是两联）和电话。压单前的检查工作与 POS 机的相同。然后，操作员用压单设备将信用卡上凸起的卡号、姓名等印到签购单上，并书写金额、日期等信息；再拨打收单银行授权专线电话，报出卡片资讯，申请授权，并将获得的授权码书写在签购单上；最后持卡人确认无误后签字。操作员核对签名后，将信用卡及签购单的一联交给持卡人。至此，手工压单程序完成。授权电话通常会被即时拨打。在某些通信不畅或信用风纪良好的地区，会遇到商户压卡客户签字后便交付商品，完成交易的情况，授权会在日后完成，但是商户有遇到信用卡诈骗的风险（如若客户使用无效卡支付，不立即申请授权码便无法马上发现）。

4）网络支付

从持卡人角度来讲，网络支付被认为是信用卡的几种支付方式中风险最大的一种，因为不怀好意的人可能使用网络钓鱼、窃听网络信息、假冒支付网关等手段窃取用户资料。网络支付时，需要输入卡号、信用卡有效期、卡背面签名栏旁的数字的维萨卡的 CVV2 码/万事达卡的 CVC2 码/银联卡的 CVN2 码、网上交易密码，有时需要输入姓名、网页随机生成的验证码等。输入完成后，点提交即可完成网络支付。随着互联网的发展，网络支付及信用卡支付的安全性也逐渐提高了，从而也刮起了网上消费潮流风。

5）电视、电话交易

同网络支付类似，电视、生活交易需要卡号、信用卡有效期、维萨卡的 CVV2 码/万事达卡的 CVC2 码/银联卡的 CVN2 码等信息。

6）预授权

预授权一般用于支付押金，即冻结信用卡的一部分可用额度，当作押金。预授权和手工压单的过程类似，但是电话内容是要求预授权相应的金额，不是要求支付，也不需要压单，只需要出具收到押金的凭证即可。一般预授权会在结账的时候由商家取消。如果商家忘记取消,可以打电话给商家要求取消,自己打电话给授权机构无法取消;或者,等待银行自动取消预授权(一般为 7～30 天不等)。

2014 年 11 月 14 日晚,上海银监局公布了 7 家银行信用卡业务的违规行为(没有对申请人的收入情况进行审核,就核发了高额度信用卡;通过以卡办卡方式对持卡人收入进行估算,核发信用卡)。因为没有依法审查申请人资料的真实性、过度授信、异常交易管控不力等违规行为,上海银监局对这 7 家机构罚款共计 240 万元。

6. 分期付款

信用卡分期付款就是指持卡人使用信用卡进行大额消费时,由发卡银行向商户一次性支付持卡人所购商品(或服务)的消费资金,并根据持卡人申请,将消费资金分期通过持卡人信用卡账户扣收,持卡人按照每月入账金额进行偿还的业务。

1) 分期方式

我国国内绝大多数银行都有信用卡分期付款业务。分期方式一般根据场合的不同分为商场分期、邮购分期与账单分期。

(1) 商场分期。

商场分期又称为 POS 分期,是指持卡人到购物场所,如可以进行分期的"商场"进行购物,在结账时,持卡人持该商场支持分期的信用卡说明需分期付款,则收银员将会按照持卡人要求的期数(如 3 期、6 期、12 期等,少数商场支持 24 期),在专门的 POS 机上刷卡。

注意:在进行商场分期的时候,需要进行持卡人身份验证,所以切记带上身份证。商场分期一般 3 期免手续费,6 期和 12 期的费率各银行收费标准不同。分期付款的商品只要是该商场正常销售的商品,一般均可以进行分期。而在很多情况下,持卡人还可以将多个商品捆绑在一起结账,然后进行分期。

(2) 邮购分期。

邮购分期指持卡人收到发卡银行寄送的分期邮购目录手册或者银行的网上分期商城,从限定的商品当中进行选择,然后通过网上分期商城订购、打电话或者传真邮购分期申请表等方式向银行进行分期邮购。邮购分期一般无论分期数多少,均不收手续费。但由于订购周期较长(很多情况会超过 15 个工作日才能拿到商品)且退换货相对繁琐,所以建议购买前多对商品进行比较。

(3) 账单分期。

账单分期是最为方便的一种分期方式,各家发卡银行基本都能够支持此种分期方式,且申请简便。用户只要在刷卡消费之后且每月账单派出之前,通过电话等方式向发卡银行提出分期申请即可。但是要注意,各银行都会规定一些特例,如带有投机性质的刷卡是无法成功分期的。所以在进行分期之前,一定要仔细阅读分期手册。账单分期的不足就是不能免手续费。所分的期数越长,手续费越高,而且全部要由持卡人自己承担。

每家银行针对不同的商场或者家居卖场,不同时期会推出不同活动。例如大中、苏宁等大型电器城会跟多家银行开展促销活动,如果客户用指定银行信用卡刷卡分期消费,可以享受无手续费等优惠政策。

2) 还款方式

对于信用卡分期付款,多数信用卡用户并不会陌生。过去,信用卡分期付款主要包括账单分期和单笔消费分期两种,银行通常按照所分期数的不同,收取对应的手续费。无论是账单分期还是单笔消费分期，其前提都是先产生消费行为，然后银行再对产生的信用贷款进行分期偿还的设定。

（1）发卡银行内还款。

该方式包括：发卡银行柜台、ATM 机、网上银行转账、电话银行还款等方式。还款后，信用卡额度即时恢复，款项一般在当天系统处理后，即可入账。

（2）微银通 POS 手机还款。

微银通 POS 手机是一种移动金融系统个人支付终端，既可以用来直接刷卡还款，也可以进行转账等业务。

（3）转账/汇款还款。

主要分为同城跨行、异地跨行等两种方式。无论是何种方式进行转账或者汇款，汇出行将收取一定的费用，同时款项在到账的时间和还款便捷程度上都不如同行内还款、网络还款、便利店还款等方式。

（4）网络还款。

国内比较常见的网络平台有银联在线、快钱、盛付通、支付宝、财付通等。选择不同的平台和银行，收费标准和款项具体到账时间均有所不同。

（5）便利店还款。

该种方式主要是通过安装在便利店中的“拉卡拉”智能支付终端完成还款，一般到账时间需 2～3 个工作日，同时利用这种方式还款免收手续费。

（6）柜面通还款。

柜面通指各联网金融机构发行的银行卡，通过在银联交换中心主机系统注册的他行银行网点柜面，进行人民币活期存取款交易。

（7）信付通还款。

“信付通”智能刷卡电话是中国银联自主研发，通过银行卡检测中心认证，并由中国银联跨行信息交换网络提供金融服务支持的创新电子产品。

（8）还款通。

利用“还款通”进行还款，收费一般按当地人民银行规定的同城跨行转账与异地跨行汇款收费标准收取。

（9）其他方式。

除了上面提到的几种方式外，发卡银行为了便于持卡人还款，还开通了各具特色的还款方式。

7. 主要信用卡品牌

国际上有五大信用卡品牌，即维萨国际组织（VISA International）和万事达卡国际组织（MasterCard International）两大组织及美国运通国际股份有限公司（America Express）、大来信用卡有限公司（Diners Club）、JCB 日本国际信用卡公司（JCB）五家专业信用卡公司。在各地区还有一些地区性的信用卡组织，如欧洲的 EUROPAY、中国的银联、台湾地区的联合信用卡中心等。

1）中国银联

中国银联是经中国人民银行批准的、由 80 多家国内金融机构共同发起设立的股份制金融服务机构，注册资本 16.5 亿元人民币，其标识如图 2-7 所示。公司于 2002 年 3 月 26 日成立，总部设在上海。

图 2-7 银联标识

在香港，信用卡持有人通常于每个月都会收到月结单，如果信用卡持有人曾于该月使用信用卡消费，便需要在月结单上的最后付款限期前缴交月结单上的最低还款额，否则发卡公司有权加收利息及行政费用。

在内地，信用卡还款有相应的咨询公司，可以向持卡人提供一定的还款策略，便于持卡人使用信用卡进行更贴心的理财服务。

2）维萨卡

VISA是全球最负盛名的支付品牌之一，VISA与世界各地的VISA特约商户、ATM及会员金融机构携手合作、共同发展。其标识如图2-8所示。

VISA全球电子支付网络——VisaNet——是世界上覆盖面最广、功能最强和最先进的消费支付处理系统，不断履行使用户的VISA卡通行全球的承诺。全世界有超过2000万个特约商户接受VISA卡，还有超过84万个ATM遍布世界各地。因此，VISA的全球网络让用户不论身在何处，都能方便地使用VISA卡。

VISA国际组织本身并不直接发卡。在亚太区，VISA国际组织有超过700个会员金融机构发行各种VISA支付工具，包括信用卡、借记卡、公司卡、商务卡及采购卡。这些产品都能让用户在消费时倍感安全、便利和可靠。

VISA分别于1993年和1996年在北京和上海成立代表处。VISA在国内拥有包括银联在内的17家中资会员金融机构和5家外资会员银行。

3）万事达卡

万事达国际组织于20世纪50年代末至60年代初期创立了一种国际通行的信用卡体系，旋即风行世界。万事达卡的标识如图2-9所示。1966年，组成了一个银行卡协会（Interbank Card Association）的组织，1969年银行卡协会购下了MasterCharge的专利权，统一了各发卡银行的信用卡名称和式样设计。随后十年，将MasterCharge改名为MasterCard。万事达卡国际组织是一个包罗世界各地财经机构的非牟利协会组织，其会员包括商业银行、储蓄与贷款协会，以及信贷合作社。其基本目标始终不变：沟通国内及国外会员之间的银行卡资料交流，并方便发行机构不论规模大小，都可进军银行卡及旅行支票市场，谋求发展。

图2-8　维萨卡标识

图2-9　万事达卡标识

VISA和MasterCard是世界两大信用卡组织，没有谁好谁差的说法，看用户个人喜好。一般美国用VISA比较多，欧洲用MasterCard比较多。

4）美国运通卡

自1958年发行第一张运通卡以来，迄今为止美国运通国际股份有限公司已在68个国家和地区以49种货币发行了运通卡，构建了全球最大的自成体系的特约商户网络，并拥有超过6000万名的优质持卡人群体。运通卡的标识如图2-10所示。成立于1850年的美国运通国际股份有限公司，最初的业务是提供快递服务。随着业务的不断发展，美国运通国际股份有限公司于 1891 年率先推出旅行支票，主要面向经常旅行的高端客户。可以说，运通服务于高端客户的历史长达百年，积累了丰富的服务经验和庞大的优质客户群体。

5）大来信用卡

1950 年春天，麦克纳马拉与他的合伙人施奈德合伙投资，在纽约注册成立了第一家信用卡公司——“大来俱乐部”(Diners Club)，后改组为大来信用卡公司。大来俱乐部实行会员制，向会员提供一种能够证明身份和支付能力的卡片。最初他们与纽约市的 14 家餐馆签订了受理协议，并向一批特定的人群发放了“大来卡”。会员凭卡可以在餐馆实行记账消费，再由大来公司做支付中介，延时为消费双方之间进行账务清算。信用卡的雏形由此诞生。

6）JCB 卡

JCB 卡和大来卡是日本信用卡产业发展史上发行最早的两个卡品牌。当时美国的大来信用卡公司于 1960 年在日本成立了日本大来信用卡公司，主要向当地的高端客户发行大来卡，发卡量微乎其微。JCB 成立之后，决定选择与大来信用卡公司发行的高端用户卡不同的道路，把卡片定位于大众化的 JCB 卡。其标识如图 2-11 所示。

图 2-10　运通卡标识

图 2-11　JCB 卡标识

8. 名词释义

1）信用额度

信用额度是指银行在批准用户的信用卡的时候给予用户信用卡的一个最高透支的限额，用户只能在这个额度内刷卡消费，超过了这个额度就无法正常刷卡消费。信用额度是依据用户申请信用卡时所填写的资料和提供的相关证明文件综合评定核定的，主卡、附属卡共享同一额度。一般情况下，双币信用卡的额度中人民币额度和美元额度是可以互相换算的。例如：用户的额度是 30 000 元人民币，当你在境外用卡时，你的信用额度就大约等值于 5000 美元。

信用额度将由银行定期进行调整，但用户可以主动提供相关的财力证明要求调整信用额度。此外，当用户出现出国旅游、乔迁新居等情况，在一定时间内需要较高额度时，可要求调高临时信用额度。

2）第二额度

第二额度，也就是所谓的要分期才用得上的额度，它是一个不占用原本额度的外用额度。

3）交易日

交易日指持卡人实际用卡交易的日期。

4）记账日

记账日又称入账日，是指持卡人用卡交易后，发卡银行将交易款项记入其信用卡账户的日期，或发卡银行根据相关约定将有关费用记入其信用卡账户的日期。一般记账日为持卡人实际消费日的第二天。如用户 12 月 1 日购物消费，那么一般记账日为 12 月 2 日。

5）账单日

账单日是指发卡银行每月定期对持卡人的信用卡账户当期发生的各项交易、费用等进行汇总，并结计利息，计算持卡人当期应还款项的日期。

6）还款日

还款日指持卡人实际向银行偿还信用卡账款的日期。

7）免息还款期

对非现金交易，从银行记账日起至到期还款日之间的日期为免息还款期。免息还款期最短20天，最长56天。在此期间，用户只要全额还清当期对账单上的本期应还金额，便不用支付任何非现金交易由银行代垫给商店资金的利息（预借现金则不享受免息优惠）。

8）到期还款日

到期还款日指发卡银行规定的持卡人应该偿还其全部应还款或最低还款额的最后日期。

比如说，某张信用卡的每月账单期间从201×年×月28日至（月份+1）月27日，例如2012年8月28日至2012年9月27日，如果在这期间任何一日（9月23日）购买了商品，那么，交易日为2012年9月23日，一般信用卡的记账日也为2012年9月23日，账单日是2012年9月27日（各行不同），如果9月25日还款了，则2012年9月25日为还款日，而到期还款日是2012年10月17日（假定延长付款期是20天，9月27日加20天为10月17日）。

要获得最长的还款期限（50天），可以选择在2012年8月29日购物。

9）无卡支付通道

中国银联信用卡不用开通网银就可在线支付，主要是基于银联的无卡支付通道。信用卡持卡人在进行认证支付、快捷支付和普通支付时，均无须使用网银。持卡人拿信用卡进行网上购物，不用开通网银，只需凭卡号、密码、预存在发卡银行的手机号、动态密码等个人验证信息，就能方便地进行在线支付。

9. 央行新规

2016年4月中国人民银行发布《中国人民银行关于信用卡业务有关事项的通知》（下简称《通知》），于2017年1月1日起施行。

《通知》要求对信用卡透支利率实行上限和下限管理，透支利率上限为日利率万分之五，透支利率下限为日利率万分之五的0.7。

主要基于以下考虑：一是实施分步走、渐进式改革，有利于发卡机构在过渡期内进一步积累定价数据和经验，引导其完善信用卡利率定价机制；二是各发卡机构信用卡风控能力和定价能力参差不齐，进行利率上限和下限指导，有利于避免个别发卡机构盲目降价打价格战，导致不公平竞争和高风险客户过度举债，从而增加信用风险，引发市场局部混乱；三是在信息披露机制有待加强的情况下，设置透支利率上限有利于防止个别发卡机构不合理收取过高利息，保障持卡人合法权益。

五、汇兑

汇兑又称“汇兑结算”，是指企业（汇款人）委托银行将其款项支付给收款人的结算方式。单位和个人的各种款项的结算，均可使用汇兑结算方式。这种方式便于汇款人向异地的收款人主动付款，适用范围十分广泛。简而言之，汇兑即委托银行作为付款人进行付款。

汇兑根据划转款项的方法和传递方式的不同可以分为信汇和电汇两种，由汇款人自行选择。

1. 信汇

信汇是汇款人向银行提出申请，同时交存一定金额及手续费，汇出行将信汇委托书以邮寄方式寄给汇入行，授权汇入行向收款人解付一定金额的一种汇兑结算方式。

2. 电汇

电汇是汇款人将一定款项交存汇款银行，汇款银行通过电报或电传，给目的地的分行或代理行（汇入行）指示汇入行向收款人支付一定金额的一种汇款方式。

在这两种汇兑结算方式中，信汇费用较低，但速度相对较慢；而电汇具有速度快的优点，但汇款人要负担较高的电报、电传费用，因而通常只在紧急情况下或者金额较大时适用。另外，为了确保电报的真实性，汇出行在电报上加注双方约定的密码；而信汇则不需加密码，签字即可。

汇兑结算适用范围广，手续简便，灵活方便，因而是目前一种应用极为广泛的结算方式，其特点如下。

(1) 汇兑结算，无论是信汇还是电汇，都没有金额起点的限制，不管款多款少都可使用。

(2) 汇兑结算属于汇款人向异地主动付款的一种结算方式。它对于异地上下级单位之间的资金调剂、清理旧欠及往来款项的结算等都十分方便。汇兑结算方式还广泛地用于先汇款后发货的交易结算方式。如果销货单位对购货单位的资信情况缺乏了解或者商品较为紧俏的情况下，可以让购货单位先汇款，等收到货款后再发货，以免收不回货款。当然，购货单位采用先汇款后发货的交易方式时，应详尽了解销货单位资信情况和供货能力，以免盲目地将款项汇出却收不到货物。如果对销货单位的资信情况和供货能力缺乏了解，可将款项汇到采购地，在采购地开立临时存款户，派人监督支付。

(3) 汇兑结算方式除了适用于单位之间的款项划拨外，也可用于单位对异地的个人支付有关款项，如退休工资、医药费、各种劳务费、稿酬等，还可适用于个人对异地单位所支付的有关款项，如邮购商品、书刊等。

(4) 汇兑结算手续简便，单位或个人很容易办理。

流程实例：

以邮储银行的电子汇兑为例，简单的汇兑流程是这样的：

1. 选择汇款方式

(1) 按收款人的地址汇款的叫按址汇款。这种汇款方式需要汇款人写清楚收款人的具体地址、收款人姓名、汇款金额和收款人所在地的邮编。收款人的姓名要和他身份证上的姓名相符，否则无法兑付。这种汇款方式是四种里最慢的，但是，办完手续即可到达收款人所在当地邮局。慢主要是说，收款人所在当地邮局传送得慢，其打印出的取款通知单最迟需用一周方可传送到收款人手中。汇费按照汇款金额的1/100收取，最低2元，最高50元。超过1万元的汇款必须带本人身份证办理。

(2) 按收款人在邮储银行开立的账户账号汇款的叫入账汇款。这种汇款方式需要汇款人写清楚收款人的账号、姓名和汇款金额。账号一定要是邮储银行开立的账号，姓名一定要和账户上的姓名一致，不一致的话无法汇出，所以不用担心汇错账号，而且是实时到账。汇费相对便宜，按汇款金额的5/1000收取，也是最低2元，最高50元。超过1万元的汇款必须带本人身份证办理。

(3) 按自己设置的密码汇款的叫密码汇款。这种汇款方式需要汇款人写清楚汇款的金额、收款人的姓名和收款人所在地的邮编。注意，收款人的姓名一定要写身份证上的姓名，收款人的地址可写可不写，但是收款人所在地的邮编一定要写对，因为收款人会按照汇票号码（需要汇款人告诉收款人)、汇款人设定的密码(需要汇款人告诉收款人)、收款人的身份证到邮政编码所划定的范围内的邮局兑付网点去兑付。这种汇款方式比较简单,也比较快。汇款人办完汇款手续,收款人即可去兑付汇款。按汇款金额的1/100收取汇费,也是最低2元,最高50元。超过1万元的汇款必须带本人身份证办理。

(4) 按某公司或企业单位指定的商务汇号汇款,包括信用卡还款都是通过商务汇款来办理的。商务汇款必须写清楚商务汇款的汇款号码、汇款金额,收款人不是信用卡还款的必须写清楚,信用卡还款的根据情况可以不填,但是附言上必须写对卡号,这是保证还款的唯一途径。商务汇款汇费一般很低,招行信用卡还款有时没有汇费。这也是实时到账的一种汇款方式。超过1万元的汇款必须带自己的身份证办理,信用卡还款的必须带信用卡办理。

2. 填写汇款单

汇款单分两部分,最左边有注明,两大部分从上到下分别是机器打印部分和客户填写部分。汇款人只需要填写客户填写部分的信息,其中包括收款人的和汇款人本人的信息。

3. 付钱

包括汇款和汇费。

注意:附言部分在六个字之内不收费,两个数字按一个字算,超过六个字的附言,每多加一个字按一毛钱收费。

六、托收承付

托收承付亦称异地托收承付,是指根据购销合同由收款人发货后委托银行向异地购货单位收取货款,购货单位根据合同对单或对证验货后,向银行承认付款的一种结算方式。根据《支付结算办法》的规定,一般单位托收承付结算每笔金额起点为1万元,新华书店系统每笔金额起点为1千元。这一规定对原托收承付的金额起点10万元做了改变。结算款项划回可用邮寄或电报两种方式。

七、委托收款

委托收款,是指收款人委托银行向付款人收取款项的结算方式。委托收款分邮寄划回和电报划回两种,由收款人选用。前者是以邮寄方式由收款人开户银行向付款人开户银行转送委托收款凭证、提供收款依据的方式,后者则是以电报方式由收款人开户银行向付款人开户银行转送委托收款凭证、提供收款依据的方式。

邮寄划回和电报划回凭证均一式五联。第一联回单,由收款人开户银行给收款人的回单;第二联收款凭证,由收款人开户银行作收入传票;第三联支款凭证,由付款人开户银行作付出传票;第四联收款通知(或发电依据),由收款人开户银行在款项收妥后给收款人的收款通知(或付款人开户银行凭此拍发电报);第五联付款通知,由付款人开户银行给付款人按期付款的通知。

2.3 转账结算的方法

按交易双方所处的地理位置,转账结算分为同城结算和异地结算两种方法。

1. 同城结算

同城结算指同一城镇内各结算单位之间发生经济往来而要求办理的转账结算。同城结算有支票结算、委托付款结算、托收无承付结算和同城托收承付结算等方法。其中支票结算是最常用的同城结算方法。

2. 异地结算

异地结算指不同城镇的各结算单位之间发生经济往来而要求办理的转账结算。异地结算有异地托收承付结算、信用证结算、委托收款结算、汇兑结算、银行汇票结算、商业汇票结算、银行本票结算和异地限额结算等方法。其中异地托收承付结算、银行汇票结算、商业汇票结算、银行本票结算和汇兑结算是最常用的异地结算手段。

2.4 财务票据的使用

在财务往来中，使用和接触较多的票据主要有发票和税票。

一、发票

发票是单位和个人在购销商品、提供或者接受服务以及从事其他经营活动的过程中，开具、取得的收付款凭证。发票根据其作用、内容及使用范围的不同，分为普通发票和增值税专用发票两大类。

1. 普通发票

普通发票是购销商品、提供或接受服务以及从事其他经营活动中收付款的凭证，使用范围比较广泛。

2. 增值税专用发票

增值税专用发票是专供增值税一般纳税人销售货物或应税劳务使用的一种特殊发票。

有权征收税费的机关有财政、国税、地税、海关及相关行业主管部门。财政及相关行业主管部门都用行政专用收款收据，较简单，在此不阐述。国税、地税都归国家税务总局统一管理，海关由海关总署垂直管理。国税、地税负责工商税收的征收。工商税收基本上包括了对从事工商业经营的企业和居民个人征收的各种税收，我国绝大部分税种都属于工商税收。海关负责关税征收，包括进出口关税和船舶关税。

发票的种类繁多，主要是按行业特点和纳税人的生产经营项目分类，每种发票都有特定的使用范围。

开票规定如下。

1）普通发票的开具

(1) 在销售商品、提供服务以及从事其他经营活动对外收取款项时，应向付款方开具发票，特殊情况下，由付款方向收款方开具发票；

(2) 开具发票应当按照规定的时限、顺序，逐栏、全部联次一次性如实开具，并加盖单位发票专用章；

(3) 使用计算机开具发票，须经国税机关批准，并使用国税机关统一监制的机外发票，并要求开具后的存根联按顺序号装订成册；

(4) 发票限于领购的单位和个人在本市、县范围内使用，跨出市、县范围的，应当使用经营地的发票；

(5) 开具发票单位和个人的税务登记内容发生变化时,应相应办理发票和发票领购簿的变更手续;注销税务登记前,应当缴销发票领购簿和发票;

(6) 所有单位和从事生产经营的个人,在购买商品、接受服务以及从事其他经营活动支付款项时,向收款方取得发票,不得要求变更品名和金额;

(7) 不符合规定的发票,不得作为报销凭证,任何单位和个人有权拒收;

(8) 发票应在有效期内使用,过期应当作废。

2) 增值税专用发票的开具

纳税人有下列行为不得开具增值税专用发票:向消费者个人销售货物或者应税劳务、销售货物或者应税劳务适用于免税规定、小规模纳税人销售货物或者应税劳务、销售报关出口的货物、在境外销售应税劳务、将货物用于非应税项目、将货物用于集体福利和个人福利、将货物无偿赠送他人、提供非应税劳务转让无形资产或销售不动产。向小规模纳税人销售应税项目可以不开具专用发票。

二、税票

税票即完税凭证(图 2-12),是税务机关征收税款时依照税法规定给纳税人开具的专用凭证。税票是一种可以无偿收取货币资金的凭证,税票填用后成为征纳双方会计核算的原始凭证,是纳税人履行纳税义务的唯一合法凭证。

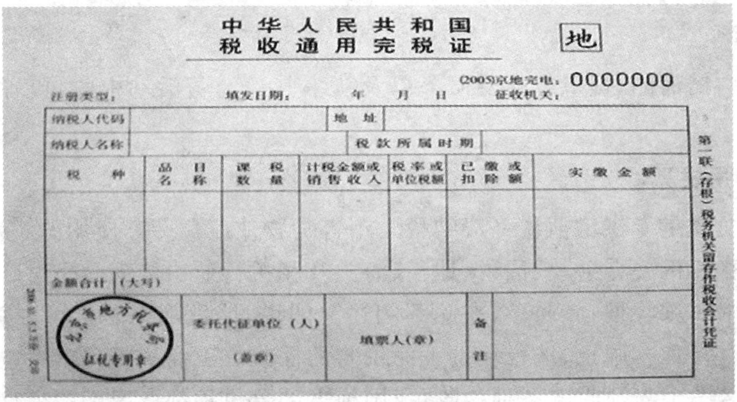

图 2-12　税票(完税凭证)

1998 年,国家税务总局制定了全国统一的 23 种税收票证式样。按征款方式的不同,税票又可分为 3 大类。

(1) 税收缴款书类:包括税收通用缴款书、出口货物税收专用缴款书、固定资产投资方向调节税专用缴款书和税收汇总专用缴款书共 4 种。

(2) 税收完税证类:包括税收通用完税证、税收定额完税证、税收转账专用完税证、代扣代收税款凭证和印花税票共 5 种。

(3) 纳入票证管理的其他票证类:包括税收罚款收据、当场处罚罚款收据、税收收入退还书、小额税款退税凭证、出口货物完税分割单、固定资产投资方向调节税零税率项目凭证、税票调换证、纳税保证金收据、印花税票销售凭证、车船使用税完税和免税标志、税收票证监制章、征税专用章、退库专用章、印花税收讫专用章共 14 种。

填写税票时应了解各种票证的内容及填写规定,逐项、逐栏如实填写。

2.5 销售中的财务运用

一、财务管理的一般原则

(1) 财务管理应按照国家统一的会计制度进行核算,企业的会计处理方法一经确定不得随意变更,确实需要变更的,应将变更情况、原因以及对财务状况和经营成果的影响,在财务报告中说明。

(2) 应以实际发生的经济业务及能证明经济业务发生的凭证为依据,如实反映财务状况和经营成果。

(3) 提供的会计信息应能满足各方面了解公司财务状况和经营成果的需要,满足公司内部经营管理的需要。

(4) 应在发生经济业务时及时进行会计处理,讲求时效。

(5) 会计记录和会计报表应简明易懂地反映财务状况和经营成果。

(6) 在全面反映财务状况和经营成果的同时,对于影响决策的重要经济业务,应单独反映,重点列报。

(7) 正确确定公司的收益、成本、费用,依法合理核算可能发生的损失和费用。

(8) 各项资产应按其取得时所发生的实际成本记账。

二、财务在销售管理中的运用

1. 维持良好的资金流

资金流是企业在销售产品过程中资金的流进和流出。提高资金使用效率是企业在销售活动中实现利润最大化的基础之一。

2. 应收账款管理

应收账款管理(accounts receivable management)是指在赊销业务中,从授信方(销售商)将货物或服务提供给受信方(购买商),债权成立开始,到款项实际收回或作为坏账处理结束,授信方采用系统的方法和科学的手段,对应收账款回收全过程所进行的管理。其目的是保证足额、及时收回应收账款,降低或避免信用风险。应收账款管理是信用管理的重要组成部分,它属于企业后期信用管理范畴。广义的应收账款管理分为两个阶段:第一个阶段是从债权开始成立到应收账款到期这段时间的管理,即拖欠前的账款管理;第二个阶段是应收账款到期后的账款管理,即拖欠后的账款管理。信用管理机构为了对这两个阶段的管理加以区别,往往将账款被拖欠前的管理称为应收账款管理(即狭义的应收账款管理),而将逾期后的账款管理叫作商账追收。

3. 企业财务

企业财务是指企业在生产经营过程中客观存在的资金流动及其所体现的经济利益关系,就是财务活动和财务关系。

企业财务的指标如下。

1) 流动比率

公式: 流动比率=流动资产合计/流动负债合计

意义：体现企业偿还短期债务的能力。流动资产越多，短期债务越少，则流动比率越大，企业的短期偿债能力越强。

分析提示：流动比率低于正常值，企业的短期偿债风险较大。一般情况下，营业周期、流动资产中的应收账款数额和存货的周转速度是影响流动比率的主要因素。

2）速动比率

公式：　　　　速动比率＝（流动资产合计－存货）/流动负债合计

保守速动比率＝0.8（货币资金＋短期投资＋应收票据＋应收账款净额）/流动负债

意义：比流动比率更能体现企业偿还短期债务的能力。因为流动资产中尚包括变现速度较慢且可能已贬值的存货，因此将流动资产扣除存货再与流动负债对比，以衡量企业的短期偿债能力。

分析提示：低于1的速动比率通常被认为是短期偿债能力偏低。影响速动比率的可信性的重要因素是应收账款的变现能力，账面上的应收账款不一定都能变现，也不一定非常可靠。

4. 销售费用

销售费用（selling expenses）是指企业在销售产品、自制半成品和提供劳务等过程中发生的各项费用，包括由企业负担的包装费、运输费、广告费、装卸费、保险费、委托代销手续费、展览费、租赁费（不含融资租赁费）和销售服务费、销售部门人员工资、职工福利费、差旅费、折旧费、修理费、物料消耗、低值易耗品摊销及其他经费等。与销售有关的差旅费应计入销售费用。

复习与思考

1. 什么是建账？
2. 汽车配件制造涉及的税金有哪些？

第3章 汽车配件采购管理

知识目标

（1）能简单叙述采购的意义、相关概念和主要分类。

（2）能正确描述采购的主要原则。

（3）能正确描述配件采购的流程。

（4）能正确描述配件采购点的选择和采购量的控制方法。

（5）能正确描述汽车配件的验收原则。

（6）能简单叙述配件采购员的岗位职责。

学习目标

（1）能对采购方法进行正确的分类处理。

（2）能熟练掌握采购需求分析与市场调查。

（3）能熟练运用定性分析法和定量分析法。

（4）能熟练掌握汽车配件的验收与鉴别方法。

（5）能正确认识采购员的基本素质要求。

【案例导入】

张宇是某汽车配件销售公司的采购员，按照公司制订的采购计划，需要经常与汽车配件供应商打交道。2016 年 7 月，因本地市场对汽车润滑油需求增加，配件销售公司需要紧急采购一批车用润滑油，张宇接到公司指示后，立即与某汽车配件供应商取得联系，在洽谈完进货数量、品种、规格和型号之后，双方签订了进货合同。供应商事后按照指定的日期将这批润滑油运送到张宇所在的汽车配件销售公司，张宇收货后立即进行验收。在验收时，张宇发现该批润滑油虽然包装完好，但生产日期却出现了问题，属过期产品。张宇立即与该供应商取得联系，进行了商品退货处理，之后又联系了另外一家信誉相对较好的供应商进行供货。此次事件，张宇通过对货物的仔细鉴别和验收，为公司避免了财产损失，并获得了本公司的嘉奖，维护了企业的经营声誉。

3.1 汽车配件采购的基本知识

一、采购的概述

作为一名合格的配件管理与销售人员，必须了解配件采购的渠道，掌握配件采购的基本技能。

1. 采购的意义和含义

1）采购业务的意义

采购，意味着汽车配件的购进，是流通企业的第一个工作环节。从社会再生产的角度看，采购就是商品从生产领域进入流通领域，是价值生产向价值实现转变的阶段；从企业经营的角度看，采购就是为了销售这个目的而向生产企业取得货源，因此，采购还不是经营的目的，销售并获得利润才是最终目的；从资金运转的角度看，采购就是货币资金转化为商品资金，是企业的流动资金（指银行存款、现金等）转化为库存资金，开始了流通企业的资金周转过程。

2）采购的含义

采购通常是指企业基于生产、销售、管理等目的购买必需的所有货物和服务的交易行为。它包括根据需求提出采购计划，选好供应商，经过商务谈判确定价格、交货条件，最终签订合同并按要求收货付款的全过程。

采购过程中的主要活动是：① 确定需要购买的商品和服务的规格（按照要求的质量和数量）；② 选择最合适的供应商；③ 为订立协议做准备并与供应商进行谈判；④ 将订单发给优先供应商；⑤ 订单的监督和支出的控制；⑥ 后续工作和评估（解决索赔，产品和供应商的档案的更新，供应商评级和分类）。

采购是企业经营活动的关键环节，其原因有以下三点。

（1）只有质优价廉、适销对路的汽车配件源源不断地进入经销企业，才有可能提高为用户服务的质量，满足消费者的需要。

（2）做好采购是搞好销售的前提和保证，只有进得好，才能销得快，才有可能提高企业的经济效益。

（3）组织好汽车配件的采购，把适销对路的配件购进到经营企业，才能促使企业经营效果不断改善和发展。

由此可见，汽车配件的采购是直接关系到企业能否得到发展、消费者需求能否得到满足、企业经营状况能否改善的关键问题。

2. 采购的相关概念

1）订购和配置

订购这个术语指的是依照事先约定的条件向供应商发出采购订单。此外，这个术语还被用在并没有询问供应商的条件而直接发出采购订单的时候。电话订购属于这个范畴，因为电话订购的产品已经列在供应商的产品目录中。订购被认为是采购过程的一部分。配置是指将从供应商处获取的产品送至最终目的地所要求的所有活动，它包含采购职能、储存、交通和运输、来料的检查和质量的控制与保证。

2）开发原料来源

开发原料来源即寻找供应源，保证供应的连续性，确保供应的替代源，搜索获得资源的信息等活动。

3）供应

在美国和欧洲，供应包括采购、存储和接收在内的更广泛的含义；在中国，供应一词的基本含义是指供应商提供产品和服务的过程，偏重于物流活动，而采购更偏重于商流活动。

二、采购的分类

1. 按采购主体分类

1）个人采购

个人采购是指个人生活用品的采购，一般是单一品种、单个决策、随机发生的，有很大的主观性和随意性的采购活动。即使采购食物，也只影响个人，造成的损失不会太大。

2）集团采购

集团采购是指两人或两人以上的公用物品的采购，一般是多品种、大批量、大金额、多批次，甚至持续进行的，由集体决策，直接关系到多人利益的采购活动。如果采购决策失误，就会对集团造成较大损失，因此，集团采购一般要慎重、科学、严格。典型的集团采购主要是指企业采购、政府采购、事业单位采购、军队采购等。这些不同类型的采购有一些共同点，但又各有各的特点。企业采购根据企业类型的不同，可分为流通企业采购和生产企业采购。

2. 按采购方法分类

1）传统采购

企业传统采购的一般模式是：每个月的月末，企业各个单位报下个月的采购申请单及下个月需要采购的货物的品种、数量，交采购部门汇总，制订出一个统一的采购计划，并于下个月实施采购。采购回来的货物存储于企业的仓库中，满足下个月对各个单位的货物供应。这种采购以各个单位的采购申请单为依据，以填充库存为目的，管理比较简单、粗糙，市场响应不灵敏，库存量大，资金积压多，库存风险大。

2）科学采购

具体可以分为以下几类。

（1）采购点采购。采购点采购是严格根据需求的变化和采购提前期的长短，精确确定采购点、采购批量或采购周期、最大库存量等，建立起持股协议的采购机制和库存控制机制，以达到既满足需求，又使得库存总成本足够小的目的。这种采购模式以需求分析为依据，以填充库存为目的，采用计量方法，兼顾满足需求和控制库存成本，原理比较科学，操作比较简单。但是，由于市场的随机因素多，使得该方法同样具有库存量大、市场响应不灵敏的缺陷。

(2) MRP采购。MRP采购主要应用于生产企业。它是生产企业根据主生产计划和主产品的结构及库存情况，逐步推导出生产主产品所需要的零部件、原材料等的生产计划和采购计划的过程。这个采购计划规定了采购品种、采购数量、采购时间和采购回来的时间，计划比较精确、严格。它也是以需求分析为依据，以满足库存为目的的。它的市场响应灵敏度及库存水平都比采购点方法的有所进步。

(3) JIT采购。JIT采购又称准时化采购，是一种完全以满足需求为依据的采购方法。它对采购的要求是：供应商正好在用户需要的时候，将合适的品种、数量送到用户要求的合适的位置。它以需求为依据改造采购流程和采购方式，使它们完全适应于需求的品种、时间、数量，做到能灵敏地响应需求的变化，又能使库存向零库存趋近。这是一种比较科学、理想的采购模式。

(4) 供应链采购。供应链采购是一种供应链机制下的采购模式。在供应链机制下，采购不再由采购者操作，而是由供应商操作。采购者只需要把自己的需求规律信息，即库存信息向供应商连续、及时地传递，供应商再根据自己产品的消耗情况，不断及时、连续、小批量地补充库存，以保证采购者既能满足需要，又使总库存最小。供应链采购对信息系统和供应商操作的要求都比较高，也是一种科学的、理想的采购模式。

(5) 电子采购。电子采购即网上采购，是在电子商务环境下的采购模式。它的基本特点是在网上寻找商品、寻找供应商，网上洽谈交易，网上下单和网上付款结算，货物通过物流进行配送。这种模式的好处是扩大了采购市场的范围，缩短了供需距离，简化了采购手续，减少了采购时间和采购成本，提高了工作效率。电子采购是一种很有发展前途的采购模式，但是它要依赖于电子商务的大力发展和物流水平的不断提高，而这两者几乎要取决于整个国民经济的发展水平和科技发展水平。我国现在已经有不少企业以及政府采用了网上采购的方式，但是要把网上采购真正搞好，还需要一个相当长的过程。

三、采购的方式

1. 集中采购

企业设置专门机构或专门采购人员统一采购，然后分配给各销售部门（销售组、分公司）销售。集中采购可以避免人力、物力的分散，还可以加大采购量，受到供货方重视，并可根据批量差价降低采购价格，也可节省其他采购费用。

2. 分散采购

由企业内部的配件经营部门（销售组、分公司）自设采购人员，在核定的资金范围内进行采购。

3. 集中采购与分散采购相结合

一般是外埠采购以及非固定采购关系的采取一次性采购，办法是由各销售部门（销售组、分公司）提出采购计划，由业务部门汇总审核后集中采购；本地采购以及固定采购关系的则采取分散采购。

4. 联购合销

由几个配件零售企业联合派出人员，统一向生产企业或批发企业采购，然后由这些零售企业分销。此类型多适合小型零售企业之间，或中型零售企业和小型零售企业联合组织采购。这样能够相互协作，节省人力，化零为整，拆整分销，并有利于组织运输，降低采购费用。

在上述几种采购方式中，企业应根据实际情况扬长避短，选择自己的采购方式。

四、汽车配件采购管理和具体采购原则

1. 汽车配件采购管理原则

采购的原则除了要求购进的商品适销对路外，就是要保质、保量。

经营企业还要设专职检验部门或人员，负责购进商品质量的检验工作，把住购进商品的质量关。除此之外，购进还应遵循以下原则：

(1) 勤进快销。勤进快销是加速资金周转、避免商品积压、提高经济效益的重要条件。勤进快销，就是采购次数要适当多一些，批量要小一些，采购间隔期要适当缩短。要在采购适销对路的前提下，选择能使采购费用、保管费用最省的采购批量和采购时间。

(2) 以销定进。以销定进的原则就是按照销售状况决定采购的品种和数量。

(3) 以进促销。以进促销原则是与以销定进原则相联系的，单纯的以销定进，进总是处于被动地位。因此，扩大采购来源，积极组织适销汽车配件，能主动地促进企业扩大销售，通过少量采购试销，刺激消费，促进销售。

(4) 储存保销。销售企业要保持一定的合理库存，以保证汽车配件流通连续不断。

2. 汽车配件具体采购原则

汽车配件的具体采购应遵循以下原则。

(1) 坚持数量、质量、规格、型号、价格综合考虑的购进原则，合理组织货源，保证配件满足用户的需要。

(2) 坚持依质论价、优质优价、不抬价、不压价、合理确定配件采购价格的原则，坚持按需采购、以销订购的原则；坚持“钱出去，货进来，钱货两清”的原则。

(3) 购进的配件必须加强质量的监督和检查，防止假冒伪劣配件进入企业，流入市场。在配件采购中不能只重数量而忽视质量，也不能只强调工厂“三包”而忽视产品质量的检查，对不符合质量标准的配件应拒绝购进。

(4) 购进的配件必须有产品合格证及商标，实行生产认证制的产品，购进时必须附有生产许可证、产品指数标准和使用说明。

(5) 购进的配件必须有完整的内、外包装，外包装必须有厂名、厂址、产品名称、规格型号、数量、出厂日期等标志。

(6) 要求供货单位按合同规定按时发货，以防应季不到或过季到货，造成配件缺货或积压。

3.2 汽车配件采购的流程

汽车配件销售企业在组织采购时，要根据企业的类型、各类汽车配件的采购渠道、经济批量、安全库存量以及各种汽车配件的不同特点合理安排组织采购。汽车配件的采购流程一般包括：收集信息、询价、比价、议价、评估、索样、决定、请购、订购、协调与沟通、催交、采购验收、整理付款。下面对配件在采购过程中的重要程序部分进行介绍。

一、采购需求的分析与市场调查

为了解汽车配件的销售状况，预测销售前景，从而指导企业制定正确的营销方向和营销策略，就必须将长期有效的市场调查贯彻到日常工作中去，要求所有销售员要时刻注意市场信息的采集，保持对市场状况的敏感性。

市场信息的来源很广，如媒体、出版物、展会等。需要强调的是，在配件销售行业，客户和竞争对手才是最好的信息来源。

配件销售信息采集的特殊之处在于要多听取一线销售人员的意见。如销售人员会告诉你前一段时间什么配件卖得比较好；汽车设计、维修人员会提醒你某些车型的某些配件故障率高，某些车型快到故障高发期了，需要尽快准备哪些配件；配件经理会说车主喜欢要哪些牌子的产品，日后的维修中哪些配件消耗比较大，而近期技术部又提出了某些新的配件采购计划。

当然这些信息都是些定性的说法，加以鉴别区分后可以作为配件采购的重要参考。如果你与某些维修企业有良好的业务关系或者自己就拥有一家维修企业，那么，你获得的第一手定量的数据信息就十分准确有效了，完全可以用来指导配件采购工作。

1. 需求分析

要进行采购，首先要分析弄清采购管理部门所代理的全体需求者究竟需要什么、需要多少、什么时候需要的问题，从而明确应当采购什么、采购多少、什么时候采购以及怎样采购的问题，得到一份确实可靠、科学合理的采购任务清单，为选择采购方法、制定采购计划、分派采购任务提供决策支持。

采购需求的确定是制定采购计划的基础和前提。它是一项技术性很强的工作，涉及企业各个部门、各个生产环节、各道工序、各种材料、设备和工具，以及办公用品等各种资源，因此要求销售员有比较全面的知识。首先要有生产技术方面的知识，要知道生产产品和加工工艺的知识，会看图纸，会根据生产计划及生产加工图纸推算出物料需求量；其次要有数理、统计方面的知识，会进行科学的统计分析；在次要有预测方面和管理方面的知识，会发现需求规律，并根据需求规律进行预测。

2. 对供应商的调查

要了解供应商的情况，就是要进行供应商调查。供应商调查的首要工作，就是要了解供应商，了解资源市场。

对供应商的调查，主要是了解供应商的名称、地址、生产能力、能提供什么产品、能提供多少、价格如何、质量如何、市场份额有多大、运输采购条件如何。

(1) 供应商调查的方法。供应商调查的基本方法，一般可以采用访问调查法，通过访问有关人员而获得信息。例如，可以访问供应商单位市场部的有关人员，或者访问有关用户、有关市场的主管人员或其他知情人士。通过访问建立起供应商卡片，也可以制作调查表，由供应商填写相关内容来对供应商进行初步调查。

(2) 供应商分析的主要内容。其包括以下几个方面。

① 产品的品种、规格和质量水平是否符合企业需要？价格水平如何？只有产品的品种、规格、质量水平都适合于企业，才算得上企业的可能供应商，才有必要进行下面的分析。

② 企业的实力、规模如何？产品的生产能力如何？技术水平如何？管理水平如何以及企业的信用度如何？

③ 产品是竞争性商品还是垄断性商品？如果是竞争性商品，则供应商的竞争态势如何？

产品的销售情况、市场份额如何？产品的价格水平是否合适？

④ 供应商相对于本企业的地理交通情况如何？进行运输方式分析、运输时间分析、运输费用分析，看运输成本是否合适。在进行以上分析的基础上，为选定供应商提供决策支持。

(3) 供应商的选择标准。选择供应商的短期标准一般是商品质量合适、采购成本低、交付及时、整体服务水平好、履行合同能力高。采购单位可以通过市场调查获得有关供应单位的资料，并从这几个方面进行比较，依据比较结论做出正确决策。

二、采购数量的确定

配件经销中常采用经济批量法确定采购量，其中心意图就是在一定时期内采购总量不变的前提下，计算出每批次采购多少才能使采购费用和库存费用之和降至最低。

由于配件市场的价格变化较为频繁，如何订购还需结合市场行情和销售趋势具体确定，不可死搬书本教条的计算结果，造成不必要的损失，也就是说要在保证"经济性"这一前提下，相信"科学性"，保持"灵活性"。

1. 用定量分析确定采购量

采购汽车配件既要支付采购费用，又要支付保管费用。采购量越小，采购的次数越多，采购费用支出也越多(反之，采购数量越大，采购的次数越少，采购费用支出也越少)，则保管费用就越少。由此可以看出，采购批量与采购费用成反比，与保管费用成正比。运用这一原理可以用经济采购批量法来控制采购批量。

所谓经济采购批量，是指在一定时期内采购总量不变的前提下，求得每次批量进多少货才能使采购费用和保管费用之和(即总费用)减少到最低限度。其计算公式为

$$T=\mathrm{PC}+\frac{D}{Q}\cdot I+\frac{Q}{2}\cdot J=D\cdot P+\frac{D}{Q}+\frac{Q}{2}\cdot F\cdot P$$

式中：T——每年的总库存成本；

Q——经济采购批量；

PC——每年的采购成本；

D——每年的需求量；

P——单位的购买价格；

I——每次采购的成本；

J——单位配件的维持成本；

F——单位配件的维持成本与单位购买价格的比率。

2. 用费用平衡法确定采购量

费用平衡法是以采购费用为依据，将存储费用累计和采购费用比较，当存储费用累计接近但不大于采购费用时，便可确定其经济采购量。其经济公式为

存储费用＝销售量×单价×存储费用率×(周期－1)

3. 用经验法确定采购量

将配件用料清单中的数量分别汇总，得出总的需求量，即采购数量。其计算公式为

产品采购数量＝销售数量＋预期的期末存货－期初的存货

要了解库存情况，确定实际采购数量，其计算公式为

实际采购数量＝本期需用配件数＋本期末预定库存量－前期已购入库存量

三、采购价格的确定方式

1. 询价采购方式

所谓询价采购，即采购方根据需采购物品向供应商发出询价或征购函，请其正式报价的一种采购方法。通常供应商寄发报价单，内容包括交易条件及报价有效期等，有时自动提出信用调查对象，必要时另寄“样品”及“说明书”。询价经采购方完全同意接受后，买卖契约才算成立。

2. 招标确定价格

招标是采购企业确定价格的重要方式，其优点在于公平合理。因此，大批量的采购一般采用招标的方式。采用招标方式的基本条件是：所采购的商品的规格要求必须能表述清楚，明确、易于理解；必须有两个以上的供应商参加投标。

3. 谈判确定价格

谈判是确定价格的常用方式，也是最复杂、成本最高的方式。谈判方式适合各种类型的采购。

3.3 配件采购点的选择与控制采购量

一、采购点的选择

目前汽车配件经营企业选择采购时间大多采用采购点法。确定采购点一般要考虑三个因素：

(1) 采购期时间。采购期时间是指从配件采购到做好销售准备时的间隔时间。

(2) 平均销售量。平均销售量是指每天平均销售的数量。

(3) 安全存量。安全存量是为了防止产、销情况变化而增加的额外储存天数。

按照以上因素，我们可以根据不同情况确定不同的采购计算方法。

在销售和采购期时间固定不变的情况下，采购点的计算公式如下：

$$采购点=日平均销售量\times采购期时间$$

在销售和采购期时间有变化的情况下，采购点的计算方式如下：

$$采购点=(日平均销售量\times采购期时间)+安全存量$$

采购点可以根据库存量来控制，当库存汽车配件下降到采购点时就组织采购。

二、采购量的控制

采购量的控制方法有定性分析法和定量分析法。

1. 定性分析法

1）按照供求规律确定采购量

(1) 对于供求平衡、供货正常的配件，应采取勤进快销的方式，多销多进，少销少进，保持正常周转库存。计算采购量的方法是：根据本期的实际销售数，预测出下期销售数，加上一定的周转库存，再减去本期末库存预算数，从而计算出每一个品种的下期采购数。

(2) 对于供大于求、销售量又不大的配件,要少进,采取随进随销、随销随进的办法。

(3) 对暂时货源不足、供不应求的紧俏配件,要开辟出新的货源渠道,挖掘货源潜力,适当多进,保持一定储备。

(4) 对大宗配件,则应采取分批采购的办法,使采购与销售相适应。

(5) 对高档配件,要根据当地销售情况,少量购进,随进随销。

(6) 对销售面窄、销售量少的配件,可以多进样品,加强宣传促销,严格控制采购量。

2) 按照配件的产销特点确定采购量

(1) 常年生产、季节销售的配件,应掌握销售季节,季前多进,季中少进,季末补进。

(2) 季节生产、常年销售的配件,要掌握销售季节,按照企业常年销售情况,进全进足,并注意在销售过程中的随时补进。

(3) 新产品和新经营的配件,应根据市场需要,少进试销,宣传促销,以销促进,力求打开销路。

(4) 对于将要淘汰的车型配件,应少量多样,随销随进。

3) 按照供货商的远近确定采购量

本地采购,可以分批次,每次少进、勤进。外地采购,适销配件多进,适当储备。要坚持"四为主,一适当"的原则,四为主:以本地区紧缺配件为主,以具有知名度的传统配件为主,以新产品为主,以名优产品为主;一适当:品种要丰富,数量要适当。

4) 按照采购周期确定采购量

每批次采购能够保证多长时间的销售,这就是一个采购周期,采购周期也是每批次采购的间隔时间。

采购周期的确定,要考虑以下因素:配件销售量的大小、配件种类的多少、距离供货商的远近、配件运输的难易程度、货源供应是否正常以及企业储存保管配件的条件等。确定合理的采购周期,要坚持以销定进、勤进快销的原则,使每次采购数量适当。既要加速资金周转,又要保证销售正常进行;既要保证配件销售的正常需要,又不使配件库存过大。

2. 定量分析法

定量分析法有经济批量法和费用平衡法两种。

1) 经济批量法

采购汽车配件既要支付采购费用,又要支付保管费用。采购量越小,采购的次数就越多,那么采购费用支出也越多,而保管的费用就越小。由此可以看出,采购批量与采购费用成反比,与保管费用成正比,运用这一原理可以用经济批量来控制采购批量。所谓经济采购批量是指在一定时期内在采购总量不变的前提下,求得每次批量采购多少才能使采购费用和保管费用之和(即总费用)减少到最小限度。

在实际运用中,经济批量法可细分为列表法、图示法和公式法,三种方法各有其优点,在分析中可按实际需要选用或交替使用。

现举例说明:设某配件企业全年需购进某种配件8000件,每次采购费用为20元,单位配件年平均储存费用为0.5元,求:该汽车配件的经济采购量是多少?现分别采用上述三种方法计算。

(1) 列表法。从表3-1中可以看出如果全年采购10次(批),每次采购800件,全年总费用最低为400元。就是说等分为10批购进,全年需要的该种配件费用是最省的,这是最经济的采购批量。

表 3-1　经济采购量计算表

年进货次数/次	每次进货数量/件	平均库存数量/件	进货费用/元	储存费用/元	年总费用/元
A	B	$C=B\times0.5$	$D=A\times20$	$E=C\times0.5$	$F=D+E$
1	8000	4000	20	2000	2020
2	4000	2000	40	1000	1040
4	2000	1000	80	500	580
5	1600	800	100	400	500
8	1000	500	160	250	410
10	800	400	200	200	400
16	500	250	320	125	445
20	400	200	400	100	500
25	320	160	500	80	580
40	200	100	800	50	850

注：设每次采购后均衡出售，故平均库存数量＝每次采购数量÷2。

列表法的优点是可以从数据上反映分析的过程，但列表和计算较为繁琐。

（2）图示法。按表 3-1 所列数据，可画出几条线，一条是采购批量和储存费用成正比关系的直线 A，另一条是采购批量和采购费用成反比关系的曲线 B，A 与 B 相交于 D 处，A、B 线上相应各点的纵坐标相叠加，连成曲线，即得出总费用曲线 F，如图 3-1 所示。

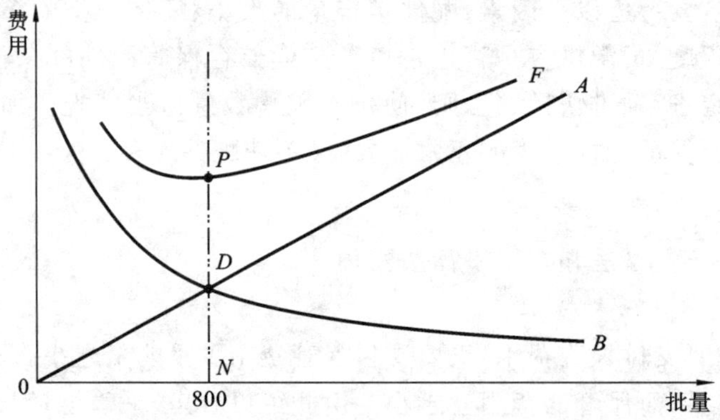

图 3-1　采购量控制的图示法

从图 3-1 中不难看出，P 点为最低费用点，这一点处于 A、B 交点 D 的正上方，由于 $NP=ND+DP$，同时 $NP=2ND$，说明总费用为最低时，采购费用与存储费用必然相等，P 点的横坐标就是经济采购批量点 800 件，与列表法所得结论相同。图示法的优点是比较直观，但仍需要以列表计算的数据作为基础。

（3）公式法。这种方法是通过建立数学模型来计算经济采购批量。设：

Q——每次采购量（经济批量）；

R——某种配件年采购量；

K——每次采购的采购费用；

H——单位汽车配件年平均储存费用。

则年采购次数为$\frac{R}{Q}$。

每批采购后均衡出售，年平均库存为$\frac{Q}{2}$。

从表 3-1 中可以看出，在采购费用与存储费用接近或相等时的采购总费用最低，可用公式表示为

$$\frac{R}{Q}K=\frac{Q}{2}H$$

移项整理得

$$Q^2=\frac{2RK}{H}$$

即

$$Q=\sqrt{\frac{2RK}{H}}$$

以上就是最经济合理的采购批量计算公式。

将表 3-1 所列数据代入上述公式，得

$$Q=\sqrt{\frac{2RK}{H}}=\sqrt{\frac{2\times 8000\times 20}{0.5}}\text{ 件/次}=800\text{ 件/次}$$

即最佳采购量为每批次为 800 件。

$$\text{最佳采购次数}=\frac{R}{Q}=8000/800\text{ 次}=10\text{ 次}$$

$$\text{最低年总费用}=\frac{R}{Q}K+\frac{Q}{2}H=(10\times 20+400\times 0.5)\text{ 元}=400\text{ 元}$$

由计算结果可知，全年采购 10 次(批)，每次采购 800 件，全年最低的总费用为 400 元。这是最经济的采购批量。与列表法所得结论相同。

公式法计算简洁，可以直接得出分析的结果，但不能反映分析的过程。

2）费用平衡法

费用平衡法是以采购费用为依据，将存储费用累计和采购费用比较，当存储费用累计接近但不大于采购费用时，便可确定其经济采购量。

存储费用＝销售量×单价×存储费用率×(周期－1)

(由于第一周期购进配件时，不发生存储费用，所以上式中的周期数应减 1)

例：某种配件预计第一到五周的销售量各为 50、60、70、80、70 件，单价为 12 元，采购费用为 65 元，每周期的存储费用率为 2.5%，求经济采购量 Q。

第一周期：销售量为 50 件，存储费用为 0 元，存储费用累计为 0 元；

第二周期：销售量为 60 件，存储费用＝60×12×2.5%×1 元＝18 元，存储费用累计为(18＋0) 元＝18 元；

第三周期：销售量为 70 件，存储费用＝70×12×2.5%×2 元＝42 元，存储费用累计为(18＋42) 元＝60 元；

第四周期：销售量为 80 件，存储费用＝80×12×2.5%×3 元＝72 元，存储费用累计为(60＋72) 元＝132 元；

第五周期：销售量为 70 件，存储费用＝70×12×2.5%×4 元＝84 元，存储费用累计为(132＋84) 元＝216 元；

由此可见，第三周期存储费用累计 60 元，最近而且小于采购费用 65 元，所以，可将第一到第三周期销售量之和即(50＋60＋70)件作为第一次采购批量，那么，本期的经济批量就是 180 件。

三、最低安全库存量的确定

1. 库存配件流通级别的确定

一般来说，把易磨损和易失效的零件或材料作为快流件，如把离合器片，制动器片，制动总泵（分泵），橡胶密封件，三滤（汽油滤清器、机油滤清器、空气滤清器），机油，轴承，油封，大、小轴瓦，大修包，消声器，排气管，高压泵，柱塞，出油阀，前风窗玻璃，密封条，前、后灯具，水箱，冷却散热网，万向节十字轴，雨刮片，火花塞和分电器白金等配件划为快流件范畴。

也有些零件经销商根据本公司配件销售量来区分快流件、中流件和慢流件，如把年销售量为100～200件的零件作为快流件，把年销售量为30～99件的零件作为中流件，而把年销售量为1～29件的零件作为慢流件。也可根据汽车制造商推荐的零件流通级别来选择库存零件，如日本五十铃公司推荐的零件流通级别分类见表3-2。

表3-2　零件流通级别分类

<table>
<tr><th>流通级别</th><th colspan="2">零件使用和更换情况</th></tr>
<tr><td>A</td><td colspan="2">需要定期更换的零件（在一年内更换的零件），如三滤等</td></tr>
<tr><td>B</td><td colspan="2">需要定期更换的零件（在两年内更换的零件），如制动蹄等</td></tr>
<tr><td>C</td><td rowspan="3">碰撞时首当其冲的零件</td><td>在第二年内需要更换的零件，如保险杠等</td></tr>
<tr><td>D</td><td>各种灯具、反光镜等零件</td></tr>
<tr><td>E</td><td>其他零件，如翼子板、风窗玻璃等</td></tr>
<tr><td>F</td><td rowspan="3">易磨损件</td><td>如油封等</td></tr>
<tr><td>G</td><td>相对高速运动的零件，如活塞、活基环、气门、轴瓦、变速器各轴等</td></tr>
<tr><td>H</td><td>表面接触应力很高的相对运动零件，如气门挺杆、气门推杆、万向传动装置</td></tr>
<tr><td>I</td><td>不易磨损件</td><td>在汽车生命周期内很少更换的零件，如车架、油箱、桥壳等</td></tr>
</table>

零件的流通级别不是一成不变的，快流件可能会变成中流件，甚至变成慢流件；而中流件和慢流件在一定时期内可能变成快流件。影响和决定零件流通级别的因素是多方面的。

2. 安全库存量的确定

汽车配件的库存量过多和过少都会对企业的经营有不利的影响。那么，一个配件的最佳库存量到底应该是多少呢？库存量小了，不能保证及时供货，会影响顾客的使用和企业的信誉；库存量大了，资金占有量增加，资金周转慢，会影响企业的经济效益。因此确定最低安全库存量很重要。

影响最低安全库存量的因素如下。

1）订货周期

进口汽车配件在国外订货周期一般为2～3个月（船运订货为3个月，空运订货为15天左右，但空运件的价格是船运的两倍）；在国内订货的周期则因地而异。

2）月平均销量

必须掌握该种配件近6个月的销量情况，并以此确定出每月的平均销售量。

3）配件流通级别

快流件的最低安全库存量为6个月的销量，中流件和慢流件的最低安全库存量为3个月的销量。

3.4 配件货源鉴别与验收

配件验收工作主要分两个方面进行：一是品种、型号及数量的验收；二是对配件质量的验收。在第一方面，主要验收依据是采购的发票，另外采购合同、发货单和装箱单等都是重要的参考。在验收时，要保证所有配件的品种、型号及数量与发票上的项目准确对应，不允许存在货单与货物不符的情况，同时要检查有无由于运输造成配件损毁的情况。对于第二方面需要特别注意，不仅要检查其相关证明材料（如合格证、报修证、使用说明等）是否齐全准确，还要仔细检查配件质量是否合乎要求。

一、汽车配件的验收原则

1. 服务站自提件时，必须派人或指定专人当场参照装箱单进行验收。

2. 货物到站后，服务站、大用户、专卖店可以收到“领货凭证”（此单一定要妥善保管，仅此一份）；取货时，一定要认真清点验收，保证“领货凭证”上的件数与实际相符，要查看箱子（件）是否破损、变形、丢失；要检查集装箱的锁、卡、封是否完整、有无变化；发现问题要立即与车站交涉，避免事后发生争议，引起不必要的麻烦。

二、汽车配件鉴别的方法

检查方法一般依据感官作初步判断，有条件的企业可以借助工具和仪器对配件进行抽检或者全部复检。

1. 看商标

要认真查看汽车配件的商标、厂名、厂址、等级和防伪标记是否真实。在商标制作上，正规的厂商在零配件表面有硬印和化学印记，其中注明零件编号、型号、出厂日期，一般采用自动打印，字母排列整齐，字迹清楚。以上这些，小厂和小作坊一般是做不到的。

2. 看包装

汽车零配件是互换性很强、精度很高的产品，为了能较长时间存放，并且不变质、不锈蚀，需在产品出厂前用低度酸性油脂涂抹。正规的生产厂家对包装纸盒的要求也十分严格，要求其无酸性物质，不产生化学反应，有的采用硬质透明塑料抽真空包装。考究的包装能提高产品的附加值。箱、盒大都采用防伪标记，常用的防伪标记有激光、条码、暗印等，也有的直接锻、铸在配件体上。

如长春汽车制造厂生产的配件体上一般都带有一汽的标志。在采购配件商品时检查这些标志是很重要的。

3. 看文件资料

首先要查看汽车配件的产品说明书。产品说明书是生产厂家进一步向用户宣传产品、帮助用户正确使用产品的资料，通过产品说明书可增强用户对产品的信任感。一般来说，每个配件都应配一份产品说明书（有的厂家还向用户提供用户须知），但也有一些厂家几个配件才配一份产品说明书。

如果采购量很大时，还必须查询技术鉴定资料。进口配件还要查看海关进口报关材料。国家规定，进口商品应备有中文说明。一些假冒进口配件通常没有中文说明，且包装上的外文有的文法不对，甚至写错单词，一看便能分辨真伪。

4. 看表面处理

鉴别金属材质的汽车配件时，可以查看其表面处理情况。所谓表面处理，即电镀工艺、涂漆工艺、电焊工艺、热处理工艺等。

一些制造假冒伪劣产品的作坊，它们都有一个共同的特点，就是“打一枪换一个地方”的短期行为，很少在产品的后道工艺上投入技术、资金。汽车配件的表面处理是配件生产的后道工艺，商品的后道工艺尤其是表面处理涉及很多现代科学技术。国际上和国内的名牌大厂对后道工艺都比较重视，投入资金比重较大，工艺效果也比较好。

看表面处理情况时具体需注意以下几个方面：

1）看外表镀层的工艺质量

汽车配件的表面处理中，镀锌技术占的比重较大，一般铸铁件和可锻铸件、铸钢件，冷、热板材冲压件等大都在表面采用镀锌技术。质量不过关的镀锌技术，表面一致性很差。镀锌工艺过关的，表面一致性好，批量之间一致性也没有变化，有持续稳定性。通过查看外观就能分辨真伪、优劣。

关于电镀的其他方面，大工厂在镀前处理用的除锈酸洗工艺比较严格，清洗比较彻底，这时，可看其是否有泛底现象，以此来辨别其真伪、优劣。镀银、镀铝、镀镍可看其镀层、镀量和镀面是否均匀，以此来分辨真伪、优劣。

2）汽车配件涂漆工艺

现代汽车配件一般都采用电泳浸漆、静电喷漆工艺，有的还采用真空手段浸漆。采用先进工艺生产出的零部件表面与采用陈旧、落后工艺生产出的零部件表面有很大差异，目测时可以看出，前者表面细腻，有光泽，色质鲜明；而后者则色泽暗淡，无光亮，甚至表面有气泡和流淌痕迹，用手抚摸有砂粒感。

3）电焊工艺

在汽车配件中，减震器、钢圈、前后桥、大梁，车身钣金件等均有电焊焊接工序。正规汽车厂商有专业化程度很高的配套厂，它们大都采用自动化、先进的焊接工艺。其产品焊缝整齐，厚度均匀，表面无波纹，直线性好，焊点、焊距也很规则，这是手工操作无法比拟的。

4）高频表面淬火

汽车配件产品经过精加工后才进行高频表面淬火，因此，淬火后各种颜色都原封不动地留在产品上。如汽车万向节内、外球笼经高频表面淬火后，就有明显的黑色、青色、黄色和白色。其中，白色面是受摩擦面，是硬度最高的面。在目测时，凡全是黑色或无色的，肯定未经过高频表面淬火。

5. 看表面伤痕

从汽车配件表面的伤痕可以分辨正规生产厂产品和非正规生产厂产品，也可分辨生产企业的管理水平。

汽车配件表面伤痕是在中间工艺环节由于产品互相碰撞而留下的。生产一个零件要经过几十道甚至上百道工序，而每道工序都要配备工艺装备，包括工序运输设备和工序安放的工位器具。管理水平高的工厂所生产的产品是不可能在中间工艺过程中互相碰撞的。以此推断，凡在产品非工作面上留下伤痕的产品，肯定是小厂、小作坊生产的劣质产品。

6. 从产品价格上进行辨别

同样的配件,纯正部件、专业厂件和仿制品的价格差别很大。纯正部件的价格最高,专业厂件次之,仿制品价格最低。一般纯正部件的价格可超出仿制品 1～2 倍,有的甚至更多。

国外专业配套厂件比整机厂纯正部件略低。定期批量进口的配件执行外商谈判的协议价,平时零星采购的配件则执行外商每年的统一目录价。有时外商还有定期处理配件的优惠价。这些配件的报价(外币)是按照当时的进口汇率计算的,再加上关税、运输费等,然后将其换算成配件单价,称为常规价。价格低于常规价的配件,则有可能是非纯正件或非专业厂件。

需要提醒注意的是,进口环节中的减税和中间经销商加价也会使价格偏离常规价。

7. 进口件根据采购渠道进行分析

目前采购渠道一般包括两个方面:一是直接从国外进口,二是从经销商那里购买。直接从国外整机厂和零部件配套厂进口的配件,质量都有保障。如果是从经销商那里购买或从港澳转口进来的配件就要根据上述各种方法加以鉴别。此外,所有直接从国外进口的配件均有订购合同、提单、运单、装箱单及发票。如果从进口公司采购配件,可请其出示上述手续;否则,可判断为非进口正品。

总之,在鉴别汽车配件时方法多种多样,可以根据不同的配件种类采取不同的鉴别方法,并综合运用。

3.5 汽车配件采购人员的基本要求

一、采购员的岗位职责

(1) 负责按车型、品种的需求量编制采购计划。

(2) 按采购计划积极组织订购优质且价格适宜的产品,保证销售的需要。

(3) 负责组织开展商品的代销、试销、促销业务,开拓新产品市场。

(4) 负责改善库存结构,积极处理库存超储积压商品。

(5) 负责开展工贸联营、联销工作。

(6) 负责急需商品的协调或组织临时采购,并根据市场变化及库存结构情况对订货合同进行调整。

(7) 认真搞好资金定额管理,在保证采购需要的前提下,最大限度地压缩资金占用,加速资金周转。

(8) 认真执行费用开支规定,在保证工作需要的前提下,努力节省采购费用。采购时,一方面要考虑适销对路,另一方面也要考虑运输路线、运费价格等。

(9) 经常主动地深入营业门市部和仓库了解产品质量状况,走访客户,了解客户反馈和市场需求。

(10) 认真执行工商、税务、物价、计量等方面的法令、法规,遵守企业规章制度。

二、采购员的基本素质

1. 有一定的政策、法律知识水平和职业道德

采购员不仅要熟知国家、本地区的有关政策。法令和法规,而且要知道本企业、本部门的各项规章制度，使采购工作在国家政策允许的范围内进行。采购员要按规定采购，不进人情货，更不能在采购中为谋取回扣、礼物等私利，而购进质次价高的商品。

2. 具备必要的专业知识

采购员不仅要熟知所经营产品的名称、规格、型号、性能、商标和包装等知识，还要懂得商品的结构、使用原理、安装部位、使用寿命及通用互换性等知识。采购员不仅需要精通采购业务的各个环节，还要知道商品进、销、存以及运输、检验、入库保管等各业务环节的过程以及相互间的关系。

3. 善于进行市场调查分析

采购员正确的预见性来源于对市场的调查。调查的内容主要包括：本地区车型和车次；道路情况；各种车辆零部件的消耗情况，主要用户采购渠道和对配件的需求情况；竞争对手的采购及销路情况。要定期对上述资料进行分类、整理、分析，为正确进行市场预测、合理采购提供依据。

4. 有对市场进行正确预测的能力

汽车配件市场的发展受国民经济诸多因素的影响，如工农业生产发展速度、交通运输发展状况、固定资产投资规模、基本建设投资规模等。这个季度、上半年、今年是畅销商品，到下个季度、下半年、明年就有可能变成滞销商品。除了偶然因素外，这个变化一般是有规律可循的，是可以预测的。这就是要求采购人员根据搜集来的各种信息和资料，以及对配件市场调查得到的资料进行分析研究，按照科学的方法预测出一定时期内当地配件市场的发展趋势，从而提高采购的准确性，减少盲目性。

5. 能编制好采购计划

采购员要根据自己掌握的资料，编制好采购计划，包括年度、季度和月度采购计划，以及补充采购计划和临时要货计划。在编制采购计划时，要注意考虑如下因素。

(1) 对本地区汽车市场形势的预测。

(2) 用户的购买意向。

(3) 商品库存和用途，以及已签订过的合同的货源情况。

(4) 本企业的销售计划。

(5) 本地区、本企业上半年销售业绩。

(6) 能根据市场情况，及时修订订货合同。

尽管采购员根据已占有的信息资料对市场进行了预测，编制了比较适宜的采购计划，但商品流通中，常会遇到难以预料的情况。这就要求采购员能根据变化了解情况，及时修订订货合同，争取减少长线商品，增加短线商品。当然，在修订合同时，必须按照合同法办事，取得对方的理解和支持。

6. 要有一定的社交能力和择优能力

采购员的工作决定他要同许多企业、各种人打交道，这就要求具有一定的社会交际能力。在各种场合、各种不同情况下协调好各方面的关系，签订好自己所需的商品合同，注销暂不需要的商品合同或修改某些合同条款。要尽最大的努力争取供货方的优惠，如价格、付款方式、运费等方面的优惠。

另外，全国汽车配件生产企业众多，产品品种繁杂，假冒伪劣产品防不胜防。要选择好自己采购计划中所需要的产品，就必须靠自己的择优能力采购，对采购厂家的产品质量和标识要十分了解，选择名牌、优质、价格合理的产品。

7. 要善于动脑筋，有吃苦耐劳的精神

采购员不仅要善于动脑筋，摸清生产和销售市场的行情，而且要随时根据市场销售情况组织货源，在竞争中以快取胜。为使企业获得最好的经济效益，采购员常年处于紧张的工作状态中，因此还需要有吃苦耐劳的精神。

复习与思考

1. 采购过程中的主要活动有哪些？
2. 汽车配件采购的方式有哪些？
3. 采购价格的确定方式有哪些？
4. 确定配件采购点应考虑哪些因素？
5. 签订买卖合同应遵循的原则是什么？

第4章
汽车配件销售管理

4

知识目标

（1）能简单叙述汽车配件销售的特点。

（2）了解汽车配件消耗的规律性。

（3）了解汽车配件销售人员的职业道德，并能对其做简单叙述。

（4）能简单叙述汽车配件的来源。

（5）能正确描述客户心理。

（6）能正确描述汽车配件交付的内容。

（7）了解合同订立和履行的内容。

能力目标

（1）能正确掌握汽车配件消耗规律的变化。

（2）能正确认识汽车配件销售人员的基本素质要求。

（3）能正确认识汽车配件的来源，掌握汽车配件目录的查阅方法。

（4）能正确掌握与客户达成交易的方法和处理价格分歧的方法。

（5）能熟练掌握汽车配件提货单的填写方法。

（6）能熟练掌握买卖合同的关键条款和主要内容。

【案例导入】

张宇由于工作原因，经常要开车来往于市内和郊区，时间一久，发现轮胎磨损严重，需要立即更换。张宇先是找到一家配件商店，进店后张宇看到这家配件商店里有很多轮胎品牌，可以说品种和型号都很齐全，只是犹豫不知道该怎样进行选择。这时张宇走到店内的销售人员身边，想让销售人员帮自己详细介绍一下哪种品牌、型号的轮胎更适合自己的车用。但是这名销售员有些不耐烦地说："都一样，自己看好哪个就买哪个。"说完便低头继续看手机。张宇很不满意地离开了这家配件商店。之后，张宇又在附近找到另外一家店。一进店门，便听到："先生您好，欢迎光临××汽配商店，请问有什么可以为您效劳的吗？"张宇看到这名面带微笑的销售人员，心中顿生好感。说明来意后，这名销售人员开始热情地向张宇介绍起自家所经营轮胎的品牌、型号、规格等，并按照张宇驾驶车辆的用途，逐一地向他说明各品牌轮胎间的优缺点，最后张宇通过比较，在这家配件商店里购买了一款性价比较高的轮胎。临走时，张宇满意地向这名销售人员竖起了大拇指。

4.1 汽车配件销售的特点

一、较强的专业技术性

现代汽车是融合了多种高新技术的集合体，其每一个配件都具有严格的型号、规格，还要满足相应的技术标准。要在不同型号汽车的成千上万个配件品种中为顾客准确、快速地查找出所需要的配件，就必须有高度专业化的人员，并由计算机管理系统作为保障。从业人员既要掌握商品营销知识，又要掌握汽车配件专业知识、汽车材料知识、机械制图知识以及汽车配件的商品检验知识，并且会识别各种汽车配件的车型、规格、性能、用途等。一名合格的汽车配件营销员除了要经过一定的专业知识培训外，更重要的是要在营销实践中不断学习、总结和摸索经验。

二、经营品种的多样性

一辆汽车在整个运行周期内约有 3000 多种配件存在损坏和更换的可能，所以经营某个车型的配件就要涉及许多的品种和规格。即使同一品种和规格的配件，国内外有许多生产厂家，导致其质量、价格上的差别也很大，甚至还存在假冒伪劣产品。作为汽车配件销售人员，要能够在繁杂的配件中为用户准确选择和推荐所需要的配件，并且要确保货真价实。

三、销售的季节性

一年四季的自然规律给汽车配件销售市场带来不同季节的需求。在雨季，车上需要的雨布、各种风窗玻璃、车窗升降器、电动刮水器、刮水臂及刮水片、挡泥板、驾驶室等配件销量就特别大。在夏季和早秋季节，因为气温高，发动机磨损程度加大，火花塞，白金（断电器触点），气缸垫，进、排气门，风扇传动带及冷却系配件的需求量就特别多。在冬季，气温低，发动机难启动，需要的蓄电池、预热塞、启动机齿轮、放水阀、飞轮齿圈、防冻液、百叶窗、各种密封件等配件需求增多。由此可见，自然规律给汽车配件市场带来非常明显的季节性需求。调查资料显示，这种趋势所带来的销售额占总销售额的 30％～40％。

四、销售的地域性

我国地域辽阔,有山区、平原、乡村、城镇,并且海拔高度相差悬殊,这种地理环境也给汽车配件销售市场带来地域性的不同需求。

在城市,人口稠密,路况复杂,汽车启动和停车次数较频繁,机件磨损较大。其所需的启动系、离合器、制动系、电气设备等配件的数量就较多。在山地、高原,因山路多,弯道急,坡度大,颠簸频繁,汽车制动器摩擦片、钢板弹簧、减震器、变速器、传动系配件极易损坏,需要更换的总成件也较多。

由此可见,地理环境给汽车配件销售市场带来了非常明显的影响。

五、要有相当数量的库存支持

由于汽车配件经营品种多样化以及汽车故障发生的随机性,经营者为了确保能满足广大消费者的各种需求,要将大部分资金用于库存储备和商品在途资金储备。

六、必须有相应的配套服务

汽车集高新技术和常规技术于一体,涉及机械、电子电器、自动控制、计算机等多种技术,经营者必须要有相应的配套服务,特别是技术服务至关重要。相对于一般生活用品而言,卖汽车配件更重要的是做好售前、售中和售后服务,有业内人士说,卖汽车配件就是卖知识和技术。

4.2 汽车配件销售需适应配件消耗规律的变化

一、汽车配件消耗的规律性

汽车配件的磨损是有一定规律的,根据这些规律,确定了车辆按照行驶里程的不同阶段需要对汽车分别进行小修及保养、中修、大修,并对这些等级的维修和保养项目做了详细的规定。各种类型的保养和修理又有更换若干种配件的规定。汽车在正常使用寿命期内,零配件的损坏是随机的、具有偶发性的。如果其设计和制造质量较好,损坏率一般很低。

例如,活塞一般是在发动机大修时才需更换,如某车型的新发动机平均大修里程是 24 万千米,那么有一半左右的发动机在这个里程之前需要镗缸、更换活塞及活塞环等机件。但也有少数的发动机因质量不好,不足 10 万千米就需要大修或更换活塞。随着行驶里程的增加,活塞的需求量就增大。经大修后的发动机,其再次大修间隔里程便大大缩短,维修配件需求量就增加。一些车辆较多、运输任务量较大的单位,如矿山、油田、专业运输公司、机关事业单位及建筑施工单位等,它们的在用车辆都有一定的配件消耗定额以及按照这个定额编制的分车型的配件采购计划。掌握车辆配件消耗的规律性,可根据市场需求,有针对性地采取促销措施。

汽车配件的磨损规律和需求不是一成不变的,尤其近年来许多单位和部门的车辆实行了承包经营和规范化管理,另外,汽车维修的手段和技术也在不断更新,打破了原来采购配件的规律。所以,汽车配件销售单位也要根据实际情况的发展摸索新的规律性,以满足市场需求。

二、近年来维修配件消耗规律发生的变化

1. 小规格车用油、液畅销

对于小规格容器包装的润滑油(脂)、特种液,因其具有携带方便、加注便携、较少废弃的优点,尤其适合单台车辆使用。随着个人用车的增加及用户对车辆保养意识的增强,其销量逐渐增加。

2. 小总成件已“将修改换”

汽车使用中经常损坏的小总成件主要有化油器、分电器、空气压缩机、发电机、启动机、水泵、汽油泵、制动蹄片、离合器摩擦片等。以往在遇到这些小总成件损坏时,大部分用户总是购买小配件、修理包自己修复。但近几年,遇到小总成故障时,用户大多要求先更换新总成,旧件换下维修后为备件用。相应地,这些小总成的零配件和修理包的销售量急剧减少。

3. 组合件、成套件销量增大

如活塞与活塞环及活塞销的组合配件、活塞与活塞环及活塞销并带连杆(俗称4配套)的配套件等,这些组合件或成套配件经过精加工成各级修理尺寸,以适用于各种磨损程度的修理。

不用经过刮瓦、镗缸、拉轴等再加工,装上就能用的各种产品[如曲轴、滑动轴承(俗称轴瓦)、气缸套等]也替代了以前的产品,这些新型配件的出现,越来越受到汽车用户和修理人员的青睐。相应地,这类单件或未经精加工的品种也遭受冷遇,在配件销售中几乎无人问津。

车辆保养中必换的密封件,如离合器,制动总泵和制动分泵中的密封皮碗、皮圈、油封及气缸垫,油底壳垫等密封垫片,以前大部分是单独出售,现在改为按车型集中包装制成的各种修理包,这些也深受修理人员的欢迎。

以上三个方面的产品哪怕价格高一点,用户也乐意购买。

为什么会发生以上变化呢?

首先是人们时间观念的更新。在激烈的市场竞争中,时间就是效益、时间就是金钱的观念在人们的思想深处牢牢扎根。为了争取时间,用户要求尽量缩短在修日,以最大限度地提高在用车辆利用率。维修厂家为了满足用户要求,也想方设法提高车辆的维修效率,寻求更好的维修手段。以上配件的出现符合市场需求。

其次是随着汽车工业和零部件制造业的发展,以及现代汽车对维修质量的标准要求越来越高,要求维修配件具有配合精密、使用及维修方便、搭配合理、可靠性高等特点,在国产新型汽车和进口汽车的配件供应上,这些特点体现得越来越明显。

如何采取积极措施合理调整库存结构,以适应这一变化的市场需求,这是汽车配件销售企业,特别是资深的配件销售企业应当研究解决的主要问题。

三、积极适应汽车配件消耗规律的变化

在一些规模较大、经营汽车配件历史较久的销售部门的仓库里,还积压着规格、品种齐全的各类小总成的零配件和修理包。而另一方面有关人员又在组织小总成进货以满足市场需求。这无疑是一种很大的浪费,要解决以上弊端,可采取以下措施:

(1) 细心观察,认真研究汽车维修配件消耗规律的变化,及时组织适销对路的品种供应市场,不再大批组织滞销品种的进货,以防止产生新的积压。

(2) 尽量利用库存的零散件装配成质量合格的小总成件供应市场。

(3) 委托工厂将单件加工组合成配套件或尺寸精确的装配件供应市场。

(4) 将零散密封件分门别类制成修理包供应市场,如总泵、分泵修理包和发动机修理包等。

(5) 按车辆日常使用规格的容器封装车辆保养必换的润滑油(脂)、特种液供应市场。

以上办法不用花费太多的人力、财力就可以做到,遇有少量缺件的,可以小批量进货,这样可以使部分积压、滞销配件逐渐销售出去,以减少企业损失。同时采取以上措施,对老旧车辆的配件销售更为有利。目前,全国尚有数以百万计的老旧车辆还在使用,一些零配件已停产,但配件市场每年要消耗价值数千万元的这种配件。这些车辆的淘汰为期不会太远。抓紧进行这变"废"为"宝"的工作,对于加速资金周转、改善库存结构、节约社会财富均是十分有益的。

4.3 汽车配件销售人员的基本素质

一、职业道德

1. 热爱本职,精通业务

企业的经销人员,如果对自己所从事的工作没有一股热忱,甚至看不起自己的工作,那么他们就不可能有工作的积极性、主动性和创造性,也就不可能实现自我价值的追求;经销人员如果不精于业务,不善于聚财和理财,那么在竞争中,就会被淘汰。只有精通业务,善于聚财和理财,他们才能把自己所从事的事业做好,才能提高经营效益。

2. 互利互惠,公平交易,诚实无欺

要保持和发展互利互惠、公平交易、诚实无欺的经营作风,就要树立正确的经营理念,即全局观念、服务至上观念、薄利多销观念、创造经营特色的创新观念、商品及时更新观念、经营方式多样化观念等。

3. 文明经商,尊重消费者利益

文明经商就要做到主动、热情、耐心、周到,仪表要整洁,举止要大方,讲究语言艺术。具体来说,客户临近,主动招呼;顾客购货,主动展示商品;客户对商品不熟悉,主动介绍商品的性能、质量、价格、使用方法;接待客户要态度和蔼、语言亲切、注重礼貌;要耐心回答客户提出的各种问题,帮助挑选产品,做到多拿不厌,多问不烦;要想客户之所想,急客户之所急。

尊重消费者的利益,则要做到:明码标价,按质论价;介绍商品实事求是;出售商品注重质量,对消费者负责,不以假乱真、以次充好。

4. 团结协作,互帮互助

团结协作,互帮互助是正确的处理业主与员工之间、企业之间互相关系的有效途径。这就要求经销人员树立求大同存小异的工作作风;尊重他人的意见和劳动;要善于心理换位,替他人着想。

5. 遵纪守法,敢于斗争

企业的经销人员必须以财经纪律严格要求自己的执业行为,自觉遵守有关经济法规,要善于运用财经纪律和有关经济法规,在经营中正确处理好各种关系,包括矛盾和纠纷等,对违法乱纪的行为不迁就,坚持原则,敢于斗争。

二、业务知识和业务能力

(1) 熟悉配件结构原理、主要性能、保养检测知识，了解配件的型号、用途、特点和价格，只有这样才能当好客户的“参谋”，及时回答客户提出的各种问题，消除客户的各种疑虑，促成交易。

(2) 熟悉市场行情、价格、费用(利息、仓储费、运输费等)，了解税收、保险、购置税费、付款方式等一系列业务、政策规定以及市场经营的基本知识。

(3) 熟悉客户心理，判断用户的购买动机，为用户当好参谋。用户购买配件的心理活动分为产生动机、寻找商品、要求挑选、决心购买、买后感受五个阶段。如从用户进店到走近柜台的行为、寻找商品的神态中，正确判断他们的来意，做到先打招呼，热情接待。同时观察用户的购买行为。从其行为和表情中，分析用户的心理活动，判断用户的购买动机，进一步判断出用户的企业性质，拥有多少车辆和购买能力，为用户当好参谋。当用户购买完配件之后，还要观察用户，分析用户买后的心理活动和感受，判断出用户的满意程度，为下次交易打下基础。

(4) 会使用柜台语言艺术。一个有丰富实践经验的经销人员必须非常注意柜台语言艺术，对各类用户，要做到有问必答、语言准确、条理清楚。热情而诚恳的语言，能给用户以愉快的感觉，促使买卖成交。

(5) 能根据用户的不同要求，提供各种形式的服务。为了扩大经营，应运用多种多样的服务手段，如送货上门、函电售货、代办托运等多种服务。而且要做好质量“三包”和售后服务工作。

三、专业技能

1. 正确开列单据

经销人员开列的单据，必须自己清楚，并且严格按照单据的格式逐项书写清楚、准确无误。否则就会给收款、记账、发货等环节造成困难，给用户造成不必要的麻烦。

2. 管理售货卡

售货卡是经销人员的台账，也是其了解市场变化、掌握配件销售动态、编制进销计划的依据和历史资料。经销人员在收货时不仅要能快速地抽出卡片，完成售货，减少用户等候时间，还应做到登记、统计、结账准确，并将售货卡保管完整。

3. 书写信函

有的外地客户经常来函求购急缺配件，为了巩固老客户，取信新客户，不论生意成交与否，都要做到来信必复、复必及时。要重视书写信函的质量，发挥信函在业务往来中的作用。

4. 能正确使用量器具

量器具包括游标卡尺、百分表、千分表、扭力扳手、万用电表、塞尺等。

5. 能熟练快速地计算货款

经销人员计算货款应做到一准、二快、三清。也就是说经销人员在计算货款时要准确、迅速，并将计算结果报给客户，让客户听清。客户一次购买集中配件或不同计量单位的配件时，需要经销人员用计算器、珠算或心算准确地计算出货款。为了避免误会，计价的整个过程都要当着客户的面进行。如果客户对货款有疑问时，经销人员要耐心地重算一遍，并有礼貌地做好必要的说明和解释。

为了加快计算货款的速度，减少客户等候的时间，防止算错账，对于一些特殊情况，如某一种配件销量大、交易又比较频繁时，可根据单价、计量单位预先计算好数据，制成价格表(卡)，帮助经销人员快速计算。

4.4 汽车配件的介绍与咨询

一、汽车配件的来源

市场上常见的配件一般有以下几个来源：正厂汽车配件、配套厂外销汽车配件、许可生产件、其他汽车配件、拆车件和翻新件。

正厂汽车配件，也叫原厂件，使用整车生产厂家的原厂商标，质量好、服务体系完善、价格高。

配套厂外销汽车配件质量与原厂零部件没什么区别，价格相对原厂件来说会低一些。许可生产件质量必须经过整车生产厂家的认证，价格较原厂件和配套厂外销件便宜。

其他来源的汽车配件一般价格低廉，质量也参差不齐。随着技术的进步和工艺的改进，其他汽车配件质量到今天已得到很大改善。但这类零部件在给用户带来实惠的同时，在一定程度上也侵害了整车制造厂的利益，其合法性至今仍受到汽车制造厂家的普遍质疑。

拆车件和翻新件在国内也逐渐兴起，主要集中在高档车的贵零件上，但目前还没有一个权威机构对这类配件的质量进行鉴定和认证，因此，质量上还存在一定的风险，价格比较混乱，经营中对这类配件一定要小心谨慎。

不同的客户对配件的需求不同，可针对客户的不同需求，给他们介绍不同的汽车配件。

二、客观介绍企业售后服务

现代汽车市场竞争越来越激烈，汽车配件市场也不例外。随着各大汽车公司的技术水平的不断提高和生产设备的不断完善，汽车产品的性能几乎趋于一致，产品的质量几乎趋于一致，产品的价格也在趋于一致，结果导致市场竞争的焦点都在向产品的售后服务方面转移。因此，企业售后服务工作的好坏，直接影响到产品的市场占有率。

销售人员在介绍商品的同时，既要全面介绍企业的售后服务政策，以吸引客户购买，同时也应将一些注意事项交代清楚，以避免日后产生纠纷。

例如，某汽车公司在其产品质量担保中有如下规定：

售给用户的车辆，按当时的技术水平，在其材料和制造质量上均无缺陷，质量担保要从领取行车证之日起算，为期 12 个月，公里数不计。如果车辆出现故障，只有特约维修站有权受理质量担保申请，而且故障一旦出现应立即与特约维修站联系并排除。所发生的一切费用，均由维修站向某汽车公司结算。

对售出的配件也进行质量担保。在维修站更换的配件，在一年期限内，如果由于质量不佳而损坏，可到原维修站索赔。另外，某汽车公司还提供质量担保期外的优惠待遇。这是超出质量担保期外某汽车公司自愿给予的一种特殊待遇。

如果出现的故障在非特约维修站修理过，已装上未经某汽车公司许可的零件或未按某汽车公司许可的方式对车辆进行了改装、顾客没有遵守车辆的使用规定(使用说明书,维修保养计划等),某汽车公司将不承担质量担保。

三、查阅汽车配件目录

汽车配件目录一般是按汽车的发动机、底盘、车身和电气设备四大组成部分顺序编排的。发动机按机体组、曲柄连杆机构、配气机构、供给系、润滑系、点火系和启动系排列;底盘按传动系、行驶系、转向系、制动系排列;接着是车身附件和电气系统。

在汽车配件目录中,一般每个总成都有拆解示意图,并标明该总成各组成零件的序号,对应表格中给出各标号配件的名称、编号、每车用量、通用车型等。

查阅汽车配件目录时应注意:

(1) 首先要确定所查阅的配件目录为车辆的原有目录;否则,将无法保证所购配件是适用的。

(2) 查阅前,必须确知汽车型号、发动机型号、发动机编号、底盘编号、出厂日期等参数。

4.5 谈判与成交

一、谈判的基本方法与技巧

客户种类很多,形形色色,在销售过程中只有了解客户心理,投其所好,投其所需,才有可能促成交易,但如何才能摸清客户的心理呢?实践中主要通过观察和交谈从而不断地弄清客户意图并引导其购买商品。

1. 洞悉客户心理

1) 观察

汽车配件经销店的客户一般进店来是特意购买某种配件,并对拟购配件的数量、规格、质量等心中早有打算。他们进店后目光集中,脚步很快,有的径直向柜台走来,有的则在店内东瞧西望寻找他所需购买的配件。他们临近柜台,一般直接表示来意,提出要求。对待这样的客户,销售员要主动招呼,先行接待,即使当时手中有交易,来不及立即接待,也要做到人未到话先到,不能让他们久等。当然也有的客户进店后犹豫不决,拿不定主意,这种客户进店时脚步比较缓慢,目光比较集中,观看商品时比较仔细,看到某种商品后好像感兴趣,但当接近商品时,却若有所思显出犹豫的神色。这是在选购商品时拿不定主意,引起这种心理的原因一般有以下几种可能:一是对商品质量、价格有疑虑;二是受别人委托购买,唯恐买的不理想;三是在几家商店之间比较选择而举棋不定。对这类客户销售员不要急于与之讨论成交,而应热情地进一步了解他们的需要,设身处地为客户着想,当好客户的参谋。

2) 交谈

俗话说:“欲知心中事,但听口中言”,所以除了观察外,要揣摩客户心理还要与其交谈,从言谈中了解他们的购买动机、性格和购买心理。销售员在接待客户时,经常遇到有的客户坦率直言,寻求商品非常具体,而也有的客户寻求的商品不是很具体。在购买过程中,坦率直言的客户,通常购买动机明确,问话简单,只需寥寥数语就结束了全部的交谈,完成交易;而寻求的商品不是很具体的客户,常常用不同的口吻问话,有时打听,有时疑虑,有时征询,销售员应细心观察客户的情绪，从客户的问话与客户的交谈中，推测和弄清客户需要什么商品，以介绍推荐最满足客户需要的商品。

客户的脾气、性格容易在语言中表露。一般来说，说话比较明确、干脆的客户，其性格一般是豪爽明快的，这类客户爱好办事利索，接待时应迅速推荐介绍商品。快言快语的客户，其性情多数急躁，接待时注意帮助查看商品质量，既不让他久等，又使他能买到满意的商品。

在接待客户时，销售员通过询问、交谈可判断客户的购买心理。如借助适当的问候，可了解客户的需求：从问购商品价格的神态，可判断是想立即购买，还是准备经过比较后再购买；听其口音能辨明是本地顾客还是外地顾客。销售员要根据客户不同的心理状态，采取不同的接待方法。

2. 营造和谐的谈判气氛

无论在店堂接待顾客，还是上门去推销商品，都会不可避免地要与客户交谈，如果交谈气氛融洽，则成交可能性就大，所以存在一个营造和谐的谈判或交谈气氛的问题。在店堂接待顾客或上门推销等非正式场合，首先要精神饱满，面带微笑，眼迎顾客，点头致意；与顾客交谈时，语言文雅、谦虚、礼貌，应尽量避免与顾客争论，更不能争吵。如能设身处地为顾客着想，认真倾听顾客要求，为顾客提供热情的服务、咨询，则交谈过程将是一个愉快的过程。当与客户进行较正式的谈判时，为创造一个良好的、合作的谈判气氛，在谈判开始前首先应以开诚布公、友好的姿态出现。如肩膀放松，伸出右手与对方毫不迟疑地相握。如果是我方迎接对方来谈判，一般以接待、让座、敬烟、端茶和互致问候的礼仪进行；其次行动和说话要轻松自如，要表现出自信与可信，而不是慌慌张张、吞吞吐吐。有时可适当讨论些非业务性问题，这对调节谈判气氛的紧张尤其有效。如果谈判持续时间较长，则在谈判前请对方吃顿饭，会获得亲近的效果。

二、达成交易的常用方法

1. 从众成交法

顾客大多都会有一些从众心理，对于一般车主来说，其消费行为既是个人行为又是社会行为，既受众人消费观念影响，又会受到社会消费环境的影响。

例如，销售人员可以对前来购买配件的车主说："我们这种品牌的润滑油可以提高发动机的动力性，并且可以提高燃油经济性，减少尾气排放，很多车主都很喜欢用我们这种牌子的润滑油。"

销售人员应该能够用例证、数字或调查结果说明确实有顾客购买，而不是空口无凭，更不能欺骗顾客。

2. 机会成交法

机会成交法是向顾客说明购买机会的可贵性，比如可以利用调价机会、促销机会说："该产品即将推出新一代，现在又在进行促销，是最佳购买时机，性价比很高，以后推出的新产品会贵很多。"向顾客说明机会难得，提醒顾客不要错过，以促成顾客购买。

3. 直接请求成交法

在判别出顾客已经产生购买心理时，可以直接请求顾客购买产品，利用请求向顾客进行提示，并略微向顾客施加一些心理压力，从而达成交易。例如，可以告诉顾客该配件的质量很好，不要再犹豫。

4. 选择成交法

销售人员提出两项以上的建议供顾客选择，每个建议选项都对销售活动有利，因为如果只提出一项建议很有可能被对方一口否决，而提供两项以上的选择有助于引导顾客将注意力集中在可选方案的比较上，有助于交易的完成。

例如，配件销售人员可以这样建议准备做日常保养的车主："您看是现在提货还是周一给您送过去呢？您除了需要购买我们这里的制动液，要不要检查一下您的爱车，看看是否需要更换制动摩擦片呢？"

5. 假定成交法

假定成交法是指销售人员假定顾客已经同意购买，通过讨论一些细节问题，从而促成交易的完成。这种方法适用于老顾客、中间商、决策能力较低的顾客、主动表示要购买或已经表现出购买信号的顾客。这种方法避免了与顾客洽谈是否购买的问题，在一定程度上减轻了顾客的心理压力，把顾客成交信号直接过渡到成交行为，大大提高了销售的效率。

例如，销售人员可以直接向准备采购配件的中间商提出："您需要的别克车用的水温传感器，现在提 50 个可以吗？"

6. 优惠成交法

优惠成交法是指销售人员通过向顾客提供进一步的优惠条件而促成交易。这种方式利用顾客的求利心理，起到吸引顾客、扩大产品影响、加快交易和资金回笼的作用。

例如，销售人员可以说："如果您订下了这批主减速器，我们将给您打八折的优惠。"

但是长期使用这种方法势必会助长顾客对优惠条件的更进一步要求，造成恶性循环。所以在应用此方法时，销售人员每承诺一个优惠条件，也应该适当地要求顾客相对做一些让步。比如销售人员可以说："给您以上优惠，我们就不再给您送货了。"

7. 保证成交法

保证成交法就是消除顾客担心风险的心理以促成交易。销售人员提供某种顾客需求的保证，例如，主动提出"免费送货上门"，免除顾客运货的担忧；或提出"配件出现问题可以包退包换"，免除顾客对产品质量的担忧；提出"三年之内免费维护"，可以使顾客消除使用配件的后顾之忧。但是应用保证成交法时应充分考虑到不同配件产品本身的特点以及在结构、性能、质量上的差异性。在做保证的时候要认真、诚信，一经保证就要负责任，不能仅仅为了达成交易而向顾客随意承诺。

8. 利益汇总成交法

销售人员经过努力，采用各种方法将配件的特性和优点展现给顾客之后，顾客可能当时并没有在意，过一定时间，销售人员要有意识地将顾客可以获得的各种利益进行汇总，并扼要地再次提醒顾客，加深顾客对利益的认可，并提出要求、达成交易。

三、处理客户意见分歧

1. 处理客户意见分歧的原则

销售员在店堂接待顾客和上门推销商品时，与客户不可避免地会发生意见上的分歧或异议。作为销售员必须正确地对待这种意见分歧，应本着为客户利益着想、不回避意见分歧、尊重客户意见、永不争辩等的原则来对待或处理与客户的意见分歧。

(1) 销售员应从客户的立场出发，了解客户的问题，为客户提供帮助，满足客户的要求和利益要求，充分说明客户所能获得的利益及程度，设身处地地为客户着想，才能缩小与客户的心理距离，才有利于处理与客户的意见分歧。

(2) 不要回避与客户的意见分歧，因为在消除这些分歧之前，客户是不会与你成交的。在交易过程中，客户的眼睛总是盯着你的商品和缺点，以使自己处于有利的交易地位，争取有利的交易条件。销售员必须了解自己商品的优点，并恰当地让客户认识到这些优点。

(3) 与客户存在意见分歧并不可怕，关键是要对这种分歧作出满意的答复，只有尊重客户意见，听清客户意见，才能有针对性地回答客户意见。

(4) 销售员对客户的尊重，也是对自己的尊重，如果你认真倾听客户的不同意见，他认为你尊重他，他也会尊重你，也比较容易接受你的观点，乐于听你的解说。

(5) 在与客户洽谈过程中，销售员应尽量避免与客户争论，更不能争吵，因为你赢得争论的同时，就失去了客户。当然，不与客户争辩不是不敢否定客户的异议，在某些情况下，直接地否定客户异议，往往可以有效地吸引客户倾听你的意见，收到良好效果。永不争辩的原则，需要把握一个合适的度，既要使对方注意到你的意见的正确性，又要不使对方难堪而产生对立情绪。

2. 处理价格分歧的方法

价格问题直接涉及客户的实际利益，是影响交易的最重要因素之一，也是销售人员经常与客户产生分歧之处。能否妥善处理价格异议，直接关系到交易的成败。

有些客户出于目前尚无需求、已有购买渠道或资金不足、支付能力有限等原因，以价格异议为借口，拒绝购买。还有一些客户却认真地和你讨价还价，甚至进行比较激烈的争论，客户行为出于何种动机？动机主要有以下几个方面：客户只想买到便宜产品；客户想超过他的竞争对手或其他客户以更低的价格购买你推销的产品；客户想在讨价还价中击败销售员以此显示他的谈判能力；客户想利用这种策略达到其他目的；客户想向众人露一手，证明他有才能；客户怕吃亏；客户把销售员的让步看作是自己身份的显示和提高；客户根据自己的经验，知道讨价还价的好处；客户不了解商品的价值；客户想了解商品的真正价格；客户想从另一个供应商那里买到更便宜的产品，设法让你削价是为了给第三者施加压力；客户还有其他重要的意图，这些意图与价格没什么联系，他只是把价格作为一种掩饰。

正确地分析、把握顾客在讨价还价的背后究竟是哪一种或哪几种动机在起作用，对于销售员妥善地处理与客户的价格分歧是非常重要的。

价格分歧处理的基本方法有以下几种。

1) 强调相对价格

相对价格即与产品价值对应的价格。价格代表产品的货币价值，是商品价值的外在表现，商品的价格与其价值是相对应的。除非和商品价值相比较，否则价格本身没有意义。因此，在推销过程中，销售员不能单纯地与客户讨论价格的高低，而必须把价格与商品的价值联系在一起谈。从推销学的意义上说，商品的价值就是商品的特性，优点和带给客户的利益。事实上“便宜”和“昂贵”的含义并不确切，而是带有浓厚的主观色彩，在很大程度上，是人们的一种心理感觉。所以销售员不要与客户单纯讨论价格问题，而是要把客户的注意力引向商品的相对价格、即商品的价值上来。把商品的特性、优点和带给客户的利益全部显示出来。销售员要通过介绍商品的特性、优点、客户购买之后将获得的利益和好处，使客户最终认识到该商品的实用价值是高的，相对价格是低的。

2) 先谈价值，后谈价格

如果客户购买了商品，就意味着他同时也要付出一定量的货币。客户在交易过程中，始终在衡量这种交换是否于自己有利。因此销售员要先让客户充分认识到产品的价值、购买能带给他的利益、方便和好处，激发起客户强烈的购买欲望，才能分散客户对价格问题的看法。在这之前，销售员不应该提及价格，而应采取“不问价不报价，问价才报价”的策略。同时，客户问价，如果时机不成熟，就尽量往后拖，如假装没听见或告诉客户“一会儿再谈”，或采用反问客户等方式使客户不能引起对价格的讨论。如果客户坚持要马上答复，也要讲清楚价格相对性的道理。然后把话题马上转移到商品本身的质量、特性、优点上来。另外还应注意，报出价格后不要向客户征询对价格的看法，也不要附加评论，因为这无疑是在向客户提示对价格的注意。

3）强调优势

客户在购买或订货时，往往首先在价格上与同类商品进行比较，提出价格异议，诸如“你们的商品太贵了，某某的要比你们的便宜”等，这时销售员要引导客户正确看待价格差别，通过强调本企业商品的优势来化解客户的异议，可以从商品的使用寿命、使用成本、性能、维修、收益等方面对比分析，使客户认识到购买这种商品是明智的，相对于商品的价值，价格并不高。

4）让步策略

在交易过程中双方的讨价还价是免不了的，双方在讨价还价的问题上保持一定的弹性，是讨价还价得以进行的基本条件。价格上让步，对于销售来说是常有的事，这也是消除与客户价格分歧的方法之一，因此，销售员应该掌握让步的原则和方法，主要是：

(1) 不要做无谓的让步，让步应体现我方的原则和立场。

(2) 让步要恰到好处，使较小的让步能给对方带来较大的心理满足。

(3) 大问题力争让对方让步，小问题我方可考虑先让步。

(4) 不要承诺同等幅度的让步。

(5) 不要轻易让步，因为让步等于减少了利润，即使决定让步，也要使对方觉得得到让步不容易；一次让步幅度不宜过大，让步节奏也不宜太快，否则会使对方更加自信，得寸进尺。

在有些情况下可采取以退为进的方法，报价可以比实际定价高，以防备客户讨价还价，这样当客户提出价格异议时，回旋余地可较大，既可使客户有买到便宜货的感觉，企业也可以获得正常利润。

在价格异议处理过程中，当双方意见相差太远时，销售员不宜越权直接做主，应向上一级销售员汇报请示。

3. 商品质量、交货时间、售后服务分歧的处理

客户对销售员及其企业在交货时间、产品质量、规格、售后服务等方面提出不满，而表示要中断双方的业务关系或暂停采购时，销售员应采取相应的对策。

这类分歧比较难于处理，产生的原因也比较微妙，可能确实是由这些方面的原因造成的，也可能是由于竞争对手的竞争造成的。对于确属销售员或企业造成的原因，可以采取以下方法。

1）实事求是，不强调客观理由

如果用户提出的问题确实存在，过多的辩解和反驳，强调客观理由，不仅不会使对方接受，反而会使客户感到销售员没有继续合作的诚意而不再维持双方的业务关系。实事求是地承认，并说明出现问题的原因以及可以采取的措施，反而会让对方感到销售员是可信赖的，这是取得客户谅解的关键。

2）不轻易许诺

当客户提出这类异议时，为了保住客户，某些销售员往往用许诺的方法进行处理，一旦许诺不能实现，则客户必然会产生失望的感觉，矛盾将进一步加深，也就失去了许诺的作用。所以，在这种情况下，一定要慎用许诺，要多做实际工作，只有以实际工作而非许诺来满足客户时，友谊才会得到长久的保持。当然不轻易许诺并不是绝对不许诺，而是少许诺、多做实事，一旦给了客户许诺，则必须要兑现。

3）有效地类比

就是采用适当的比喻和类推的方法，将出现问题的原因向客户委婉地说明，以求得客户的谅解与合作，或运用幽默的口语技巧，避其锋芒，待对方冷静之后，再解释说明。

对由于竞争对手造成的原因，应首先摸清对方采用了什么策略，使客户的合作意向发生动摇，以便有针对性地加以处理。同时，向客户强调珍惜传统友谊的重要性，以及失去这种合作的损失，以保持与客户的现有合作关系。

4）收集、反馈产品质量信息

近年来，市场上流行一种说法："谁最先掌握了信息，谁就抓住了商机。"对于汽车配件行业也不例外。销售员应从多种渠道收集产品质量信息，如维修企业的配件故障报告以及供货厂家售后部门的质量保修分析资料等就是不错的信息来源。通过收集整理这些信息，就能对配件的质量有较全面的了解，明确不同品牌和厂家配件产品的优缺点，从而在销售时能够有的放矢，突出产品的卖点。这些信息不仅要进行收集整理，而且还要及时地将其反馈给供货厂家，使供货厂家了解市场对其产品质量的需求，从而有针对性地加以改良，提高产品的质量。因而与供货厂家建立起良好的互利合作的关系，在配件经营中获得双赢。

4.6 汽车配件交付

一、汽车配件的提货

1. 正确填写提货单

销售员在售货业务结束后，要给顾客填写提货单。

正确填写提货单的技术要求有：

(1) 字迹端正、清楚、不能涂改。

(2) 按各栏目要求填写，不得颠倒或漏填。

(3) 价格计算要准确。

(4) 要全面复核，尤其销售数额大的，可由另一销售员复核。

(5) 填写前垫好复写纸，一次写透，不得一联一联分开填写。

提货单样本如表4-1所示。

表4-1 提货单样本

购货单位：　　　　　　　　运输方式：

收货地址：　　　　　　　　年　月　日　编号：

配件编号	配件品名	规格	等级	单位	数量	单价	金额	备注
合计								

销售部门负责人(盖章)：　　发货人：　　提货：　　制票：

2. 提货

提货时一定要注意核对提货单，核对项目有：提货仓库名称、必要的印章、提货单上的各项内容和字迹以及提货的有效日期，以确保提货的配件是客户所购买的配件。

二、汽车配件货款结算

1. 计算货款

计算货款的基本要求是：销售员必须做到一准、二快、三清，也就是说销售员在计算货款时要准确、迅速，并将计算结果报给顾客听清。顾客一次购买几种汽车配件，或者是论米、论个、论重量售卖的汽车配件，需要销售员用心算、珠算或计算器准确地计算贷款。为了避免误会，计价的整个过程都要当着顾客的面进行，如果顾客对贷款计价有疑问时，销售员要耐心地重算一遍，并有礼貌地做好必要的说明和解释。

销售员要做到计价准确、迅速，就必须掌握熟练的计算技术，计算技术包括珠算技术、心算技术和使用电子计算器技术。

为了加快计算货款的速度，减少顾客的等待时间，防止算错账，对于一些特殊情况，如某种汽车配件销量大，交易又比较频繁，或经营论长度、论重量售卖的商品，销售业务又比较繁忙，销售员中的一些初学者，可根据单价、长度或重量预先计算好数据，制成价格速算表(卡)，帮助计价计算。

2. 正确填写发票

销售员在售货业务结束后，要给顾客购买的商品填写发票。发票一般有三种。一种是属于集团购买、可作为报销凭证的增值税专用发票；另一种是商业统一专用发票(图 4-1)，也可作为报销凭证；还有一种是不能作为报销凭证的信用发票，一般适用于不能报销的汽车配件商品或作为顾客的购货证明。可根据业务的实际需要选用。

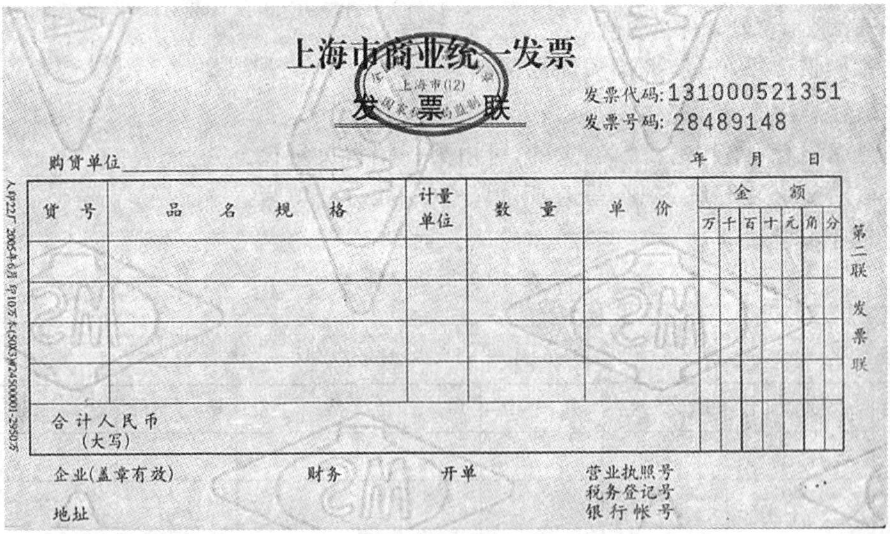

上海市商业统一发票

发票联

发票代码：131000521351

发票号码：28489148

购货单位　　　　年　月　日

货号	品名规格	计量单位	数量	单价	金额 万	千	百	十	元	角	分
合计人民币(大写)											

第二联 发票联

企业(盖章有效)　财务　开单　营业执照号　税务登记号　银行帐号

地址

图 4-1　上海市商业统一专用发票

正确填写发票的技术要求有：

(1) 字迹端正、清楚，不能涂改。

(2) 按各栏目要求填写,不得颠倒或漏填。

(3) 价格计算要准确。

(4) 要全面复核,尤其销售数额大的,可由另一销售员复核。

(5) 填写前垫好复写纸,一次写透,不得一联一联分开填写。

发票必须按顺序号使用,妥善保存,严防丢失。

3. 识别现金及支票真伪

1) 识别现金真伪

现金真伪最简便的鉴别方法是观察法,即通过用眼识别现金的颜色、图案,检查是否有印签(水印);用手摸现金的质感、厚薄;用耳朵听抖动现金的声音。凭销售员的观察力、判断力和丰富的经验来识别现金真伪,也可用验钞机识别。

2) 识别支票真伪

现行经常使用的支票有转账支票和现金支票两种。

填写支票时,要提高警惕,防止坏人用盗取的凭证或伪造的凭证进行诈骗,所以销售员要注意识别支票真伪。

要准确识别支票真伪,必须注意以下几点:

(1) 检查支票号码,确认其是否是被挂失的支票。

(2) 检查支票是否有效。要防止购货单位填写空头支票、过期支票或借入发票等。使用大额支票最好由购货单位到所在银行办理签字手续。

(3) 了解购货用途是否正常。

(4) 检查支票上的印签是否齐全、清晰。

要检查转账支票上开户行、账号、印章、签字和号码是否清晰齐全,是否有涂改,凡有涂改,均作废。

(5) 必要时,可要求购货单位的经办人出具身份证、介绍信等。

填写支票必须字迹清晰、端正、日期准确,大小写金额准确相符,用途写明。对支票上的各栏目都要按要求填写全,并填写清楚。

4.7 合同的订立与履行

一、签订买卖合同应遵循的原则

合同是当事人双方真实意思的体现,签订买卖合同时,应遵循以下两条原则:

(1) 双方必须贯彻"平等互惠,协商一致,等价有偿,诚实守信"的原则。

(2) 合同必须符合国家法律、政策的规定。

二、买卖合同的关键条款

合同是约束双方的权利与义务的法律文书,为避免在执行合同时出现争议,在买卖合同中必须写明一些关键性的条款。

1. 标的

标的是指民事活动所要达到的目的,在汽车配件买卖合同中,主要指所交易的是什么,如汽车配件的品名、品牌、规格、型号等。在履行合同时，必须按合同中规定的内容交易。如果一方违约，要交付违约金和进行赔偿。如果受害方要求违约方继续履行合同，违约方应该按合同规定继续履行合同。

2. 质量

质量是合同的主要条款之一。由于汽车配件的质量问题往往是引起合同纠纷的主要原因，所以此条款至关重要。

合同法规定的产品质量通常有以下标准，即国家标准；专业标准；主管部门制定的标准（无前两项标准时）；协商标准（购买者有特殊要求的）；国际贸易中也规定货物的样品可以作为质量标准（按照封存的样品标准验收）。

在合同中规定了什么样的质量标准，交易就应当履行什么样的质量标准。

3. 数量

数量是合同的基本条款之一，必须规定明确、具体。例如，计量单位的度、量、衡等一定要明确，一般都应采用国家现行规定的计量单位。在合同中规定的配件数量是多少，交易就应该履行多少。

4. 包装

包装的主要作用是保护汽车配件在运输和储存中完好无损、美观、防腐蚀等。因包装不善造成的损失不可小视。除了直接的损失外，还导致产品失去市场竞争力，甚至使合同双方和承运部门发生纠纷。因此，对包装方面的规定在合同中要明确、具体地提出来。

某些大型产品，为了节约包装，还规定有包装的回收，还要另订协议，如押金和回收折旧标准等。总之，供方必须对配件包装质量负责。

5. 价格

价格是指双方议定的汽车配件的单件（位）价格。合同中对价格是如何规定的，交易就必须按合同履行。如遇价格上涨或下调，也要按原价执行。逾期提货或逾期付款的，遇价格上涨或下调，由违约方承担损失。

6. 履行的期限

合同必须有履行期限，这对安排生产和销售都是十分重要的。违约误期必然会导致货不应时，尤其对那些季节性很强的商品来说，履行期限就更为重要。切勿签订无履行期的合同。

交(提)货期限是指交(提)货的时间界限，双方都要按协议履行。

7. 履行的交货地点

履行的交货地点主要表示费用（如运费、保管费等）负担的分界线。合同中规定在什么地方履行，交易就应在什么地方履行，如果需要变更履行地点，应及时通知对方，不经对方同意，不得擅自变更履行地点。如出现违约，由违约方承担由此产生的损失。

8. 违约的责任

违约的责任是对不按合同履行义务的制裁条款。只要在合同中写出，就受到法律的保护。合同当事人双方都有对等的责任和义务。

9. 合同的担保

合同采取担保，是当事人双方为了确保合同的切实履行，经共同协商采取具有法律效力的保证措施。合同当事人一方要求保证的，可由双方认定的第三方担保。第三方应当是保证方的关系人，当被保的当事人不履行合同时，由第三方连带承担赔偿损失的责任。

10. 合同的变更与解除

合同成立后即受法律约束，任何一方不得擅自变更或解除。一般在合同中明确规定只有在以下情况下才可以变更合同：

(1) 当事人双方经协商同意变更或解除合同，但并不因此损害国家利益，也不损害社会公共利益。

(2) 由于不可抗力致使合同的全部义务不能履行。

(3) 由于另一方在合同约定的期限内没有履行合同。

11. 未尽事宜

未尽事宜包括双方签约时没有写明、但在合同履行中产生了问题，为了设法弥补而不至于引起纠纷时特别列出这一条，一般拟订方案后协商解决。

此外，合同的文本由交易双方当事人各自收存，并按此履行，发生纠纷申请仲裁或提出诉讼时，可作为原始凭证使用。

三、合同纠纷的处理

合同出现纠纷有时是不可避免的，一般处理纠纷的方法有协商解决、调解解决、仲裁解决和诉讼解决。以上这几种方法的排列顺序实际上也隐含了应选择的顺序，即出现纠纷或争议时，首先应由当事人双方协商，如果协商不能取得一致，则请有关方面调解，再不能取得一致，则双方还有两个选择，即申请仲裁和到法院提起诉讼。

1. 协商

所谓合同纠纷的协商，是指合同双方对所产生的纠纷互相主动接触，充分协商，取得一致意见，从而正确解决合同纠纷的一种方法。

发生合同纠纷后，违约方应主动与受害方及时取得联系，说明原因和理由，并应主动地承担法律规定或合同约定的违约责任，取得对方的谅解。而对方也应主动地与违约方迅速协商，及时、合理解决纠纷，以减少不必要的经济损失。

2. 调解

调解是指由第三者参与，认真查明事实，分清责任，通过说服教育，促使双方互相谅解，从而依法解决双方合同纠纷的一种处理办法。

在合同纠纷中，调解合同纠纷的第三方一般是律师事务所、工商行政管理部门或人民法院。

当事人一方或双方可向律师事务所申请寻求调解，也可在工商行政管理部门或法院受理合同纠纷案后再行协商调解。

调解并不是法定解决合同纠纷的必然程序，它是在合同双方当事人自愿的基础上进行的，如果当事人双方或一方不愿意调解或调解后反悔，可以申请仲裁，直至起诉。但是双方接受并达成的调解协议，当事人应当履行。在调解成立、双方达成协议后，应写出书面调解书，作为纠纷解决的依据。调解书经当事人双方和调解人签章后生效。

合同当事人申请调解的，应当从知道或应该知道权利被侵害之日起一年内提出，超过期限的，一般不予受理。

3. 仲裁

合同纠纷的仲裁是指合同当事人之间发生争议，经双方协商未达成一致，而调解又达不成妥协时，根据合同当事人的申请，由合同仲裁机关依法做出裁决的一种处理方法。

合同仲裁机关是国家工商行政管理局和地方各级工商行政管理局设立的经济合同仲裁委员会。

仲裁一般需经过申请与受理→查明事实真相→先行调解→案件仲裁 4 个程序。

合同当事人对已经发生法律效力的仲裁决定书，应当按照规定的期限自动履行。一方逾期不履行时，另一方可向有管辖权的人民法院申请强制执行。人民法院在了解案情之后，不必做实质调查，即可签发协助执行通知书。有关银行或信用社收到法院协助执行通知书后，即从当事人账户强制划拨需要支付的款项。

4. 诉讼

对于合同纠纷，当协商、调解、仲裁无效时，可向人民法院起诉，通过审理判决解决。人民法院经济审判庭在受理案件后，由双方或代理律师进行指证、辩护，最后由法院做出调解或判决，一般也是先调解后判决。

当事人任何一方或双方不服各级人民法院的一审判决时，有权在判决书送达之日起十五日内向上一级人民法院提起上诉。超过上诉期限的，即认为判决书已发生法律效力，不予受理。

合同当事人对已经发生法律效力的判决，如果认为确有错误，并有新的证据证明自己是正确的，可以向原审人民法院或者上一级人民法院提起申诉。当事人提起申诉时应当提交申诉状。但是否再审或撤销原判，由法院根据事实，认真复查并做出决定。在人民法院未做出撤销原判的裁定之前，不能因提出申诉而停止已经生效的判决。

复习与思考

1. 汽车配件销售的特点是什么？
2. 解决小总成配件的挤压有哪些措施？
3. 汽车配件人员应具备哪些专业技能？
4. 查阅汽车配件目录应注意些什么？
5. 达成交易的常用方法有哪些？
6. 正确填写提货单的技术要求有哪些？

第 5 章
汽车配件营销策略

知识目标

(1) 熟悉汽车配件市场营销的基本特征。
(2) 了解汽车配件市场细分的情况。
(3) 掌握汽车配件市场调查方法。
(4) 掌握汽车配件促销策略及手段。

能力目标

(1) 熟悉汽车配件市场营销的基本特征。
(2) 了解汽车配件爱你市场细分的情况。
(3) 掌握汽车配件市场调查方法。
(4) 掌握汽车配件促销策略及手段。

【案例导入】

美国国家汽车配件协会(NAPA)成立于1925年,历经近一个世纪的不断发展,已发展成为世界上最大的汽车配件及汽车用品连锁销售网络,在美国拥有58家分销中心、6000多家汽配连锁店、16 000多家连锁快修养护中心。其产品涵盖美国、日本、韩国及其他世界各地厂商生产的各种车型的配件、维修工具与装备、汽车养护用品、油品、化学品和其他附属品等,所有产品都通过国际质量体系的权威认证,享有很高声誉。其经营特点是:① 业务线贯穿整个产业链的各个环节,可整合产业资源,并能发挥规模优势;② 庞大而完整的分销体系和为数众多的销售终端(维修中心)是其竞争优势所在;③ 十分重视互联网信息技术对自己产生的威胁,积极运用信息技术在互联网上将上万家的维修中心和汽车连锁店整合到一起,为各种类型的客户提供在线服务,由此取得了巨大的成功。

现代企业市场营销活动包括营销研究、市场需求预测、新产品开发、定价、分销、物流、广告、人员推销、销售促销、售后服务等。而销售仅仅是现代企业市场营销活动的一部分,而且不是最重要的部分。著名管理学权威彼得·杜拉克曾指出:“市场营销的目的就是使销售成为不必要。”

5.1 市场调查与预测

一、市场调查及其作用

汽车配件营销市场调查是指对汽车配件用户及其购买力、购买对象、购买习惯、未来购买动向和同行业的情况等方面进行全部或局部的了解,即以商品的购买人和市场营销组合各要素为对象,运用科学方法,收集、记录、整理和分析所有相关的信息情报资料,从而掌握市场的现状及其发展趋势的一种经营活动。

市场调查的作用有以下三方面:

(1) 有利于制订科学的营销规划。

(2) 有利于优化营销组合。

(3) 有利于开拓新市场。

二、市场调查的主要内容

1. 汽车配件产品调查

汽车配件产品调查包括对汽车配件新产品的设计、开发和试销,对现有汽车配件产品进行改良,对目标顾客在产品款式、性能、质量、包装等方面的偏好趋势进行预测,以及对产品定价、供需形势及其他因素变化趋势进行调查。

2. 顾客调查

顾客调查包括对消费心理、消费行为的特征进行调查分析,研究社会、经济、文化等因素对购买决策的影响及其影响的具体环节和领域,了解潜在顾客的需求情况、影响需求的各因素变化情况、消费者的品牌偏好及其对企业产品的满意程度等。

3. 销售调查

销售调查是对企业销售活动进行全面的审查，包括对销售量、销售范围、分销渠道等方面的调查，以及对顾客的需求情况、产品的市场潜量和销售潜量、市场占有率的变化情况等内容的调查。销售调查还应就本企业相对于主要竞争对手的优势、劣势进行评估。

1）促销调查

促销调查主要是对企业在产品或服务的促销活动中所采用的各种促销方法的有效性进行测试和评价。例如：广告目标、设计效果和媒体影响力、公共关系的效果、企业形象设计和塑造等，都需要有目的的调查。

2）竞争对手调查

竞争对手调查主要是对竞争对手的营销组合、产品的市场占有率和企业实力等进行调查，以了解竞争对手的情况。

3）汽车配件市场营销环境调查

汽车配件市场营销环境调查主要是对汽车配件市场营销的宏观环境和微观环境因素进行调查，以掌握环境的变化对市场营销的影响，从而指导企业对市场营销策略的制订和调整。

三、市场调查的三个阶段

市场调查的阶段如图 5-1 所示。

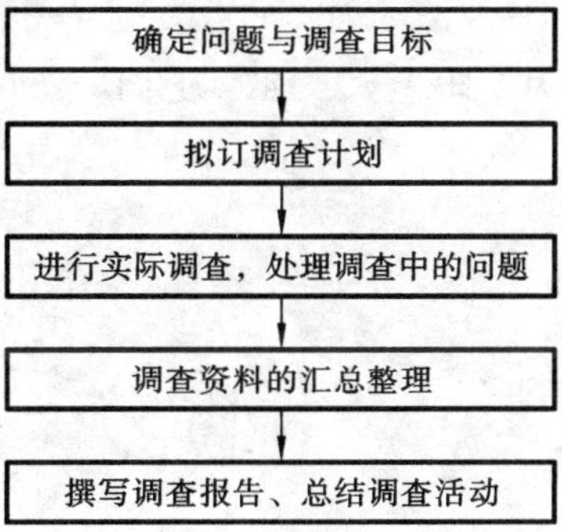

图 5-1 市场调查的阶段

1. 调查准备阶段

1）确定问题与调查目标

为了保证市场营销调查的成功和有效，首先要明确所要调查的问题，既不可过于宽泛，也不宜过于狭窄，要有明确的界定并充分考虑调查成果的实效性。其次，在确定问题的基础上，提出特定调查目标。

2）拟订调查计划

（1）确定调查项目，根据已确定的调查题目设置调查项目。

（2）确定信息来源。确定信息来源是指确定获取文字资料的渠道与获取实地调查资料的途径和方式。

（3）选择调查方式，包括确定调查地点、对象。

（4）估算调查费用。调查目标不同，调查方法不同，调查项目数不同，所需费用也不一样。调查费用估算单样本如表 5-1 所示。

表 5-1 调查费用估算单

项　目	数　量	单　价	金　额	备　注
检索费				
资料费				
文件费				
交通费				
统计费				
交际费				
调查费				
劳务费				
杂费				
其他				
合计				

（5）填制调查项目建议书。调查项目建议书样本如表 5-2 所示。

表 5-2 调查项目建议书

调查项目： 调查单位： 调查人员： 调查负责人： 日期：　　　　年　月　日　　　年　月　日 1. 问题及背景材料： 2. 调查内容： 3. 调查目的： 4. 调查方式： 5. 调查对象： 6. 调查地点： 7. 经费估算： 负责人审批意见： 财务审批意见： 申请人： 申请日期：　　年　月　日

（6）安排调查进度。要按日程详细安排调查的内容、目标和负责人等。

（7）编写调查计划书。在正式调查前，把前几个步骤的内容编写成书面文件，以指导整个调查过程。

2. 调查实施阶段

这一阶段包括收集、整理和分析信息资料等工作。此阶段是花费时间最多且较容易出错的阶段，要求调查人员应具备一定的素质，在整个信息搜集过程中能够在纷繁的信息资料中排除干扰，正确筛选，获得理想的信息资料。调查人员应协同销售人员利用计算机等现代数据处理系统，按照调查目标的要求，进行统计分析。

3. 分析总结阶段

这一阶段的工作主要有：汇总整理调查资料，写出调查报告。

1）汇总整理调查资料

首先应对资料进行校核，剔除不必要的、不可靠的资料，从而保证资料的可用性和准确性。校核后的资料要按内容分类、编码，编制每一类的统计表。在此基础上做出必要的分析，并提供给有关方面作为参考。

2）调查误差分析

（1）由调查者的差错造成的误差。

① 代用信息误差。

② 测量误差。

③ 总体定义误差。

④ 抽样框误差。

⑤ 数据分析误差。

⑥ 其他误差。

（2）由被调查者的差错造成的误差。主要包括不能正确回答误差和不愿意正确回答误差。

（3）认识和人为误差。某一类型的误差仅当其在总误差中占较大比例时才重要，但这一点却常被忽视。

四、市场调查的方法

1. 文案调查法

文案调查法是指通过搜集各种历史和现实的动态统计资料（第二手资料），从中摘取与市场调查课题有关的情报，在办公室内进行统计分析的调查方法。

2. 访问法

（1）面谈调查。① 入户访问；② 拦截式访问。

（2）电话调查。电话调查是指选取一个被调查者的样本，然后拨通电话询问一系列的问题，调查员做问卷电话记录的方法。

（3）邮寄调查。这是指调查人员将预先设计好的问卷或表格邮寄给被调查者，请他们按照要求填好后再回寄的一种调查方式。

（4）留置问卷调查。这是指调查人员将设计好的问卷送交被调查者，待其填好后再由调查人员定期收回的一种调查方式。

（5）计算机辅助电话访问。计算机辅助电话访问是指使用一份按计算机设计方法设计的问卷，用电话向被调查者进行访问。

3. 观察法

观察法是由调查人员到现场观察和记录的一种调查方法。

运用观察法时，调查员既可以耳闻目睹现场情况，也可以利用照相机、录音机、摄像机等设备对现场情况做间接观察，从而获取真实的信息。

适用范围：顾客动作调查、交通量调查、店铺调查。

4. 抽样问卷调查法

抽样问卷调查法是利用从总体中抽取的一个样本，以及设计好的结构式（标准化）问卷，从被调查者中抽取所需要的信息的方法。调查的内容可涉及行为、要求、态度、知识、动机、人口状况和生活方式等方面。

5. 网上调查法

网上调查法是指在因特网上针对特定营销环境进行简单调查设计、搜集资料和初步分析的活动。这种调查方法的特点是可以充分利用因特网的开放性、自由性、平等性、广泛性和直接性的特点，使调查及时、便捷、费用低，可靠、客观，无时空、地域限制，具有可检验性、可控制性和共享性。

6. 实验法

实验法是指先在一定小范围内进行实验，然后再研究是否大规模推广的市场调查方法。对于汽车配件产品，在改变产品品质、设计、价格、广告、陈列方法等因素时，可应用本法先作小规模的实验性改变，以调查顾客的反应。这种调查方法的特点是具有客观性、科学性。但是实验的时间较长，成本高。

五、市场需求预测

1. 算术平均法

$$\bar{Y}_{n+1}=\frac{\sum_{i=1}^{n}Y_i}{n}=\frac{Y_1+Y_2+\cdots+Y_n}{n}$$

2. 移动平均法

移动平均法是趋势变动分析中的一种较简单的常用方法。当时间序列的变动趋势为线性状态时，宜采用移动平均法进行描述和分析。

3. 指数平滑法

指数平滑法是从加权移动平均法的基础上发展起来的，属于一种特殊的加权移动平均法。它把实际的统计资料分为近期和远期两大类，按不同的权重对各期的数据加以平均，来预测未来值。

4. 线性回归法

$$a=\frac{\sum Y_i}{n}-b\frac{\sum X_i}{n}$$

$$b=\frac{\sum X_iY_i-\sum X_i\sum Y_i}{\sum X_i^2-\frac{(\sum X_i)^2}{n}}$$

5.2 汽车配件市场细分

汽车配件市场细分，是指在调查研究的基础上，根据用户的需要以及不同的购买行为与购买习惯等各种差异，把市场划分成若干有意义的用户群，每个用户群，可以说是一个细分市场。在各个不同的细分市场之间，用户的需求存在比较明显的区别；而在每个细分市场之内，用户需求的差别就比较细微。企业根据本身的条件，选择适当的细分市场为目标，拟定自己最优的经营方案和策略。

一、汽车配件市场细分的作用

(1) 有利于企业分析市场状况。通过汽车配件市场细分，认识每个细分市场上的需求潜力，发现那些需求尚未得到满足的用户。

(2) 有利于企业制订经营方案和调整销售计划。汽车配件市场细分后，企业就可以针对不同用户的需求，制订不同的经营方案，适当调整销售计划，采取有效措施，适应各细分市场的需要。

(3) 有利于企业根据细分市场的特点，集中使用人力、物力等资源，避免分散力量。运用各种经营方法，经营适销对路的汽车配件，从而取得最大的经济效益。

(4) 有利于研究市场的潜在需求，给经营寻找机会，以便开拓新市场。

二、汽车配件市场细分的标准

市场细分没有统一的标准，不同的商品、不同的环境，需要应用不同的标准。企业应根据自身的实际情况，确定适合自身需要的标准。汽车配件市场细分大体上有以下划分标准：

(1) 按车型比例划分，哪些地区什么样的车型比重大，就重点提供这一类车型的配件。

(2) 按用户购买力大小划分，把用户划分为大用户、中用户和小用户，对不同种类的用户采取相应的供货策略。

(3) 按地理特点划分，可分为平原地区的用户群和山区的用户群。在分析了解这两种不同地理特点的条件下，分析出汽车在此两种情况下，各自易损坏什么样的配件。在一般情况下，在山区运行的汽车易损坏制动器的片、鼓，变速器的 1、2 或 3 挡齿轮，差速器的锥齿轮，后半轴等配件。这样，就可以重点向山区提供这类配件。有的偏远地区，距铁路线很远，以长途汽车运输为主，每辆车都需要加装一只副油箱，这样，在同类车型用油量相同的情况下，其汽油箱的实际消耗量就比以短途运输为主的地区增加一倍。

(4) 按经济发达程度划分，可划分为经济发达地区、经济比较发达地区和经济欠发达地区。可以从经济发达程度确定其客(含小轿车)、货车拥有量，客货运量及周转量。凡客货车拥有量大、客货运量及周转量大的地区，其汽车配件需求量就大。从而确定目标市场。

(5) 按对配件价格的反映程度划分，有的用户着重要求配件质量；有的用户主要看重配件价格的高低。那么，对看重质量的用户，配件销售人员应着重介绍配件性能、质量状况；对看重配件价格的用户，着重介绍配件价格。

三、汽车配件市场细分时应注意的问题

(1) 对市场细分要树立动态观念。细分标准或市场特性不是一成不变的，如某一地区的货车，以前是解放牌汽车比重大，现在是东风牌汽车比重大了，或者以前是货车所占的比重大，现在却是轿车占的比重大了。因此要适时地进行调查和预测，从而调整销售策略。

(2) 选择适当的策略进行市场细分，一般情况下，有三种可供选择的策略：

① 无差异性市场策略。指企业认为整个市场上所有用户对某种配件的需求都是一致的，没有比较明显的差别，因此，大家可以采用相同的市场策略。

② 差异性市场策略。指企业认为各个细分市场对配件有不同的需求，因此，提供不同的配件加以适应，以便适合各细分市场上不同用户群的需要。

③ 密集性市场策略。指企业不以整个市场为占领目标，而是集中力量于一个或几个细分市场上，以便在这些细分市场上达到较高的市场占有率。

(3) 要注意研究将一个细分市场作为目标市场时，对企业是否有利。若想一个细分市场对企业有利，则它必须具备以下条件：

① 这种市场是能够占领的，就是说，企业的人力、物力和销售因素组合是可以达到的。否则，即使选择了合适的目标市场，若企业无力占领，致使半途而废，势必将造成损失。

② 细分市场的规模必须足以使企业有利可图，而且有相当大的发展潜力。如果市场十分窄小，或潜在用户很少、购买力较差，不足以使企业盈利，就不值得选为目标市场而下功夫去占领。

③ 细分市场必须是竞争对手未控制的市场。如果细分市场已有相当强的竞争对手控制，尽管细分市场其他方面条件较好，也不应轻易选为目标市场，因为在这种情况下，取得市场占有优势是非常困难的，成功的把握不大。

④ 细分市场必须在一定时期内比较稳定，只有这样才能成为企业制订较长时期的市场营销策略的依据。如果市场变化太快，会给企业带来风险。

5.3 汽车配件产品策略

一、汽车配件产品

1. 产品的概念

按照 GB/T 19000—2008 系列标准，产品定义是："活动或过程的结果"或者"活动或过程本身"。该定义给出的产品概念，既可以是有形的，如各种实物；也可以是无形的，如服务、软件；还可以是有形与无形的组合，如实施一个由计算机控制的某种产品的生产过程。这是现代社会对产品概念的完整理解。

2. 产品的质量

产品质量是产品的生命，是竞争力的源泉。优良的质量对企业赢得信誉、树立形象、满足需要、占领市场和增加收益都具有决定性意义。因此，国内外的成功企业，都毫不例外地重视自己产品的质量，并不断设法提高产品质量。

二、产品的保证与售后服务

1. 工作宗旨和方针的确立

由于企业都是期望通过售后服务工作来取悦客户、取信社会。因此，所有企业都无一例外地加重了它的售后服务宣传，并追求其宣传效果。各企业通常都对自己的售后服务工作冠以醒目、响亮的广告语言。

东风汽车公司的售后服务工作正式起始于 1980 年，并当即由公司领导集团集体讨论确定了东风汽车公司的售后服务宗旨、方针和目标。

2. 汽车配件产品的保证

1) 组织售后服务网络

汽车是大生产的产品，动辄以日产千辆计，很难设想靠汽车生产厂自身的力量，能够圆满完成"售后服务"的诸多工作内容。

2) 提供充足的汽车配件供应

(1) 汽车配件供应必须考虑的几个条件。

① 图纸、技术。

② 实行配件的专控。

③ 配件需求的科学预测。

④ 实际供应量。

⑤ 汽车企业的零部件经营网络。

(2)关于配件仓储能力的建设。

① 接收、检查区。

② 仓储区。

③ 取货区。

④ 防锈包装区。

⑤ 发货区。

⑥ 配件仓储网的建设。

(3) 汽车配件营销的现代化、计算机化管理。

① 计划及采购的科学化。如前已详述的市场需求分析，必须根据车辆的技术性能、可靠性、耐久性和使用条件，同时参考市场销售量的实际值，得出市场需求量。

② 订货的规范化。中国汽车配件企业目前仅依据订货对象的不同，实行不同的价格政策。由于汽车配件明显的效益性，社会各阶层、行业、系统或个体近年来都在设法和大企业或大企业的零部件定点厂家建立供销联系。而汽车配件的供应并不是越多越好，要考虑保护售后服务网络取得效益的机会，考虑科学的供应量和打击假冒伪劣产品，从而保护汽车生产厂自己的工业产权、知识产权，当然，还要考虑到于用户的方便等。

③ 质量保证(保修)。世界各大汽车配件公司，都积极做好产品质量保证工作。质量保证期又往往成为生产企业吸引用户购买产品的最具吸引力的条件。

3. 技术服务

售后服务本身属于技术服务的范畴。汽车产品的高度技术密集及知识密集，使得汽车产品的售后服务工作必然包含着对用户的技术指导、技术咨询和技术示范，同时包含汽车企业对自己售后服务网络的技术培训、技术示范、技术指导和技术咨询。通常的做法是，汽车企业的售后服务部门对售后服务网络、而售后服务网络对用户进行上述工作。

5.4 汽车配件定价策略

价格是影响交易成败的重要因素，又是最难以确定的因素。企业定价既要考虑成本的补偿，又要考虑顾客对价格的接受能力。价格是市场营销组合中最灵活的因素，价格能直接产生收入，其他因素表现为成本。

一、定价策略

1. 新产品定价策略

1）高价策略

采用高价策略有下列前提条件：

(1) 新产品较难仿制，竞争性小，需求价格弹性相对不高。

(2) 高价不会使用户产生牟取暴利的感觉。

(3) 产品用途、质量、性能或款式等产品要素与高价格相符合。

(4) 新产品生产能力有限，高价有利于控制市场需求量。

(5) 新产品成本较高，暂时难以立即降低价格，其特点一般如下：① 如果没有特殊的技术、资源等优势，高价格、高利润会引来大量竞争对手，使高价格难以维持太久；② 当新产品尚未在用户心目中树立起相应的声誉时，高价格不利于市场开拓，甚至会引起公众的反感。

2）低价策略

(1) 企业具有规模效应。

(2) 新产品的价格需求弹性高。

(3) 新产品的潜在需求量大。

2. 产品组合定价策略

1）产品线定价策略

在同一产品线中，各个产品项目是有着非常密切的关系和相似性的，企业可以利用这些相似性来制定同一条产品线中不同产品项目的价格，以提高整条产品线的赢利水平。如企业同一产品线内有A、B、C三种产品，分别定价为a(高价)、b(中价)、c(低价)三种价格，则用户自然会把这三种价格的产品分为三种不同的“档次”，并按习惯去购买自己期望的那一档次产品。

2）选择品及非必需附带产品的定价策略

企业在提供汽车配件产品时，还提供一些相关的选择品及非必需产品。一般而言，选择品及非必须附带品应另行计价，以让用户感到“合情合理”。

3）必需附带产品定价策略

必需附带产品又称连带产品，指必须与主机产品一同使用的产品或主机产品在使用过程中必需的产品等。一般来说，企业可以把主机产品价格定得低些，而将附带产品的价格定得高些，这种定价策略既有利于提高主机产品价格的竞争性，而又不至于过分牺牲企业的利润。这是一种在国际汽车市场营销中比较流行的策略。

4）产品群定价策略

为了促进产品组合中所有产品项目的销售，企业有时将有相关关系的产品组合成一个产品群成套销售。用户有时可能并不需要购买整套产品，但企业通过配套销售使用户感到比单独购买更便宜、更方便，从而带动了整个产品群中某些不太畅销产品的销售。使用这一策略时要注意搭配合理，避免硬性搭配(硬性搭配的销售行为是不合法的)。

3. 心理定价策略

(1) 声望定价策略。声望定价策略是指利用用户仰慕名牌产品或企业声望的心理来定价的策略，往往把产品价格定得较高。这种方法尤其适用于成本、质量不易鉴别的产品，因为用户在不容易区分不同产品成本、质量的情况下，往往以品牌及价格决定取舍。

(2) 尾数定价策略。尾数定价法是在汽车配件定价整数后加上尾数，在直观上给消费者一种便宜的感觉，从而激发消费者的购买欲望。例如 99.9 元、199.9 元等。

4. 地区定价策略

1) 统一定价

统一定价即对全国各地的客户实行相同的价格，客户不管去哪家经销商购买产品，价格都是一样的。执行这种定价策略有利于吸引各地的客户，规范市场和规范企业的营销管理。这种定价策略又可以分为两种情况：一种情况是用户自己去经销商处提车，并自付提车后的有关运输费用；另一种情况是收取合理的交付费用后，由厂家或经销商负责将商品车交付到用户指定地点。

2) 基点定价

基点定价即企业选定某些城市作为基点，在这些基点城市实行统一的价格，客户或经销商在各个基点城市就近提货，如在制造厂商设在全国的地区分销中心或地区中转仓库提货，客户负担出库后运送至其指定地点的费用。

3) 分区定价

分区定价就是企业把全国(或某些地区)分为若干价格区，对于卖给不同价格区顾客的某种产品，分别制定不同的地区价格。距离企业远的价格区，价格定得较高，距离企业近的价格区，价格定得较低。在各个价格区范围内实行一个价。

4) 产地定价

产地定价(出厂价格)即按产地的价格销售，经销商或用户负责从产地到目的地的运输，负担相应的运费及相关风险费用。这种定价策略已经不常采用，除非在销售较为旺盛时部分非合同销售才可能出现这种情况。

5. 折扣定价策略

1) 功能折扣

功能折扣又称贸易折扣，即厂商对功能不同的经销商给予不同折扣的定价策略，以促使他们执行各自的营销功能(推销、存储、服务等)。

2) 现金折扣

现金折扣即给予立即付清货款的客户或经销商的一种折扣，其折扣直接与客户或经销商的货款支付情况挂钩，当场立即付清时得到的折扣最多，而在超过一定付款期后不仅得不到折扣，反而还可能要交付一定的滞纳金。

3) 数量折扣

数量折扣即与客户或经销商的购买批量挂钩的一种折扣策略，批量越大，享受的折扣越大。我国很多汽车企业均采取了这种策略，如团购、集团购买等。

4) 季节折扣

季节折扣即与时间有关的折扣，这种折扣多发生在销售淡季，即客户或经销商在淡季购买时可以得到季节性优惠，而这种优惠在销售旺季是没有的。

5) 价格折让

当客户或经销商为厂商带来其他价值时，厂商为回报这种价值而给予客户或经销商的一种利益实惠，即折让。例如，客户采取"以旧换新"方式购买新车时只要付清新车价格与旧车价格间的差价即可，这就是以旧换新折让。

6. 降价与提价策略

1）降价策略

当企业处于所述几种状况下时应采用降价策略：① 产品严重积压，运用各种营销手段（价格策略除外）仍难以打开销路；② 价格竞争形势严峻，市场占有率下降；③ 企业的产品成本比对手低，但销路不畅，只有通过降价来提高市场占有率；④ 有时，有些实力雄厚的企业为了进一步提高市场占有率也采用降价策略，一旦达到目的价格就会上升。

常见的间接降价策略有以下几种：

(1) 增加价外费用支出和服务项目。

(2) 赠送礼品和礼品券。

(3) 举办产品展销，展销期间价格优惠。

(4) 提高产品质量，改进产品性能，提高产品附加值。

(5) 给予各种价格折扣。

2）提价策略

提价常常会引起购买者、经销商的不满，但成功的提价会为企业带来可观的利润。企业提价通常由于：产品在市场上严重供不应求；通货膨胀使企业的各项成本上升，企业被迫提价以维持利润水平。产品提价通常会抑制需求，但有时会使用户将提价理解为：此产品为走俏产品，市场很快会脱销；该产品有新功能或特殊价值；可能还要涨价，迟买不如早买。所以，如果提价时机好、促销广告宣传有力，提价有时反而会激发顾客的购买欲望，增加产品销量。

二、定价方法

汽车定价方法是指汽车企业为了在目标市场上实现定价目标，而给汽车产品制定一个基本价格及浮动范围的方法。影响汽车价格的因素比较多，但在制定汽车价格时主要考虑的因素是汽车产品的成本、汽车市场的需求和竞争对手的价格。

1. 成本导向定价法

成本导向定价法就是以产品的成本为中心定价的方法。这一类定价法有许多具体形式，这里介绍两种常见形式。

1）成本加成定价法

按产品成本加上一定比例的毛利定出产品的销售价格，这是成本导向定价法的基本形式。

2）目标利润定价法

目标利润定价法如图 5-2 所示。

2. 需求导向定价法

1）对汽车配件需求的差别定价法

(1) 按目标消费者的差别采取不同价格。

(2) 按汽车配件的不同样式确定不同价格。

(3) 按汽车配件的不同销售时间采用不同价格。

2）对汽车配件价值的理解定价法

(1) 先从汽车配件的质量、提供的服务等方面为汽车配件在目标市场上定价。

(2) 决定汽车配件所能达到的售价。

(3) 估计在此汽车配件价格下的销量。

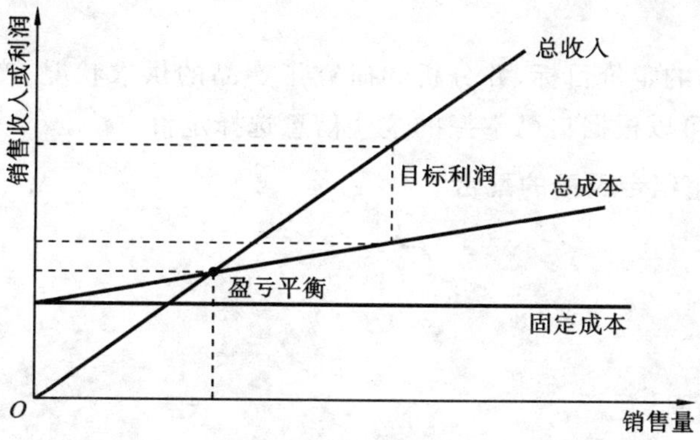

图 5-2 目标利润定价法

(4) 由汽车销量算出所需的汽车生产量、投资额及单台汽车配件成本。

(5) 计算该汽车配件是否能达到预期的利润,以此来确定该汽车配件价格是否合理,并可进一步判明该配件在市场上的命运。

3. 竞争导向定价法

竞争导向定价法是企业依据竞争产品的品质和价格来确定本企业产品价格的一种方法,以使本汽车企业的产品价格与竞争对手的产品价格相类似或保持一定距离。这是一种汽车企业为了应对汽车市场竞争的需要而采取的特殊定价方法。其特点是:只要竞争产品的价格不变,即使本企业的产品成本或需求发生变化,价格也不变;反之亦然。这种方法定价也简便易行,所定价格竞争力强,但价格变化不灵活,有时企业获利也较小。主要有四种定价方法:① 竞争投标定价法;② 拍卖定价法;③ 随行就市定价法;④ 相关商品比价定价法。

三、汽车配件定价程序

1. 确定定价目标

(1) 目标市场的需求状况。

(2) 与产品定价有关的内外部环境。

(3) 产品在目标市场中的定位情况。

2. 估计产品的销售潜量

(1) 定预期价格。

(2) 估计不同价格下的供给量与销售量。

3. 分析产品成本

分析产品成本,预测成本变化趋势。

4. 分析竞争对手

既要分析现实的竞争对手,又要分析潜在的竞争对手;既要将竞争对手的产品价格与本企业产品的价格相比,又要将竞争对手的产品质量、性能、服务水准、信誉与本企业的进行对比。

5. 预测市场占有率

在估计了不同价格下的供需量及分析了竞争对手之后,企业就可以初步预期在不同价格水平下企业的产品在市场上所能占到的市场份额。

6. 选择定价方法

企业在明确了自己的定价目标，并分析和研究了产品的供求状况、产品成本及竞争对手的具体情况的基础上，就可以根据自己掌握的这些信息选择定价方法。

7. 考虑与其他营销组合因素的配合

(1) 产品策略。

(2) 分销策略。

(3) 促销策略。

8. 确定产品价格

适当调整产品价格，在不同时期、不同的细分市场上，运用灵活的价格策略和技巧，对基础价格进行适当调整，并及时反馈与价格有关的市场信息，同时对企业的价格体系进行控制。

5.5 汽车配件销售渠道策略

一、汽车配件销售的特征

(1) 较强的专业技术性。现代汽车配件是融合了多种高新技术的集合体，其每一个零部件都有严格的型号、规格、标准工况。

(2) 经营品种多样化。一辆汽车在整个运行周期中，约有 3000 种零部件存在损坏和更换的可能，所以经营某一种车型的零部件都要涉及许多品种和规格。

(3) 经营必须有相当数量的库存支持。由于汽车配件品种的多样化以及汽车故障发生的随机性，经营者要将大部分资金用于商品库存储备和商品在途资金储备。

(4) 经营必须有服务与之相配套。汽车是许多高新技术和常规技术的载体，不同于一般生活用品，汽车配件经营必须有配套的服务支撑，特别是技术服务至关重要。

(5) 配件销售的季节性。一年四季给汽车配件销售市场带来不同的季节需求。

(6) 汽车配件销售的地域性。我国国土辽阔，有山地、高原、平原等不同地形及乡村、城镇等不同行政区域，并且不少地区海拔高度悬殊。

二、分销渠道的类型

1. 经销中间商

汽车配件的经销中间商为批发商、零售商和其他再售商等。它们承担着商品流通职能，是汽车配件流通的主体。

从当今汽车配件市场的发展趋势看，批发商和零售商的经营职能互相融合，形成批发兼零售的形式。

2. 代理中间商

代理中间商专门介绍客户或与客户磋商交易合同，但并不拥有商品的持有权。例如，代理人可以到各地去寻找零售商，根据取得订货单的多少获得佣金，但代理商本人并不购买商品，而由制造商直接向零售商发货。

3. 超市连锁

超市连锁是新兴的汽车配件销售渠道。相对不成熟的汽车售后市场限制了中国汽车工业的发展和普及。缺乏统一的售后服务市场标准，汽车配件流通的环节过多，不透明的黑箱操作损害了消费者的利益。经营者不规范的经营行为所带来的假冒伪劣产品的泛滥，维修行业维修质量的低下，都影响了汽车潜在用户的购车热情。而欧美等发达国家，成熟的售后服务市场的形成，为其汽车工业的发展打下了基础，并促进了零部件行业的发展。

三、汽车配件的销售方式

1. 零售

(1) 专营店，也叫专卖店。

(2) 混合店。

(3) 超级市场。

2. 门市连锁店

(1) 门市销售的柜组分工方式。在一个门市部内部，各柜组的经营分工，一般有两种方式，一是按品种系列分柜组，二是按车型分柜组。

(2) 门市橱窗陈列和柜台货架摆放。对汽车配件门市部来讲，陈列商品十分重要。

① 便于顾客辨认，满足顾客要求。

② 库有柜有、明码标价。

③ 定位定量摆放。

④ 分类、分等摆放。

⑤ 连带商品相邻摆放。

5.6 汽车配件促销策略

一、促销与促销组合的作用

1. 促销与促销组合的概念

所谓促销，是指企业营销部门通过一定的方式，将企业的产品信息及购买途径传递给目标用户，从而激发用户的购买兴趣，强化购买欲望，甚至创造需求，从而促进企业产品销售的一系列活动。促销的实质是传播与沟通信息，其目的是要促进销售，提高企业的市场占有率及增加企业的收益。

2. 促销组合的作用

(1) 提供商业信息。

(2) 突出产品特点，提高竞争能力。

(3) 强化企业的形象，巩固企业的市场地位。

(4) 刺激需求，影响用户的购买倾向，开拓市场。

二、促销组合策略

(1) 产品的种类和市场类型。汽车配件产品的种类繁多,因此所采取的促销方式和策略应根据市场的不同而灵活变化。

(2) 促销的思路。企业促销活动的思路有“推动”与“拉引”之别。

(3) 产品生命周期的阶段。当产品处于导入期时,需要进行广泛的宣传,以提高其知名度,因而广告的效果最佳,营业推广也有相当作用。

复习与思考

1. 汽车配件市场调查的作用、主要内容和方法分别是什么?
2. 汽车配件供应必须考虑哪些条件?
3. 按产品线定价、产品群定价和折扣定价时应分别采取哪些策略?
4. 新产品定价主要采取哪些策略?
5. 何谓统一定价、基点定价、分区定价和产地定价?
6. 汽车配件的主要定价方法有哪些?
7. 汽车配件销售有何特征?常见销售方式有哪些?
8. 分销渠道有哪些主要类型?

第6章 汽车保修索赔管理

6

知识目标

(1)了解汽车保修索赔的含义及内容。

(2) 熟悉索赔原则及工作流程。

能力目标

掌握关于汽车维修管理、三包索赔管理、理赔管理的基础知识及相关操作。

【案例导入】

2004 年 10 月 26 日，原告向被告购买一辆 ZQR6600 型东欧旅行车，按规定办理了上牌照等相关手续。同年底，原告即将该车投入运营(吉州区—永新县)。2003 年 4 月，原告发现汽车油管处的纵梁上有一发射状裂缝，纵梁的其他部位也多处开裂，汽车无力爬坡，经常造成误班误点、旅客中途退票的情况。事后，原告就纵梁质量问题向销售商(被告)及生产厂家江苏省张家港市某轻型汽车厂查询及交涉。张家港汽车厂也先后派出 6 人三次来吉安对汽车进行核查修复，但纵梁裂缝经补焊后仍未复原，有的甚至还在继续开裂，双方为此发生争执，原告遂向法院提起诉讼，要求被告更换汽车大梁，并赔偿运营损失 6000 元。诉讼中，法院委托汽车质量监督检验中心对该车纵梁质量进行技术鉴定，结论为：该车纵梁多处裂伤在 260 毫米以上，在原处结构的基础上无焊接修复价值，不符合车辆正常使用的需要，建议厂家依照汽车"三包"的有关规定，做好赔偿善后工作，并经核算，更换纵梁总计费用为 9000 元。吉州区法院经审理认为，原、被告买卖汽车行为合法有效，应受法律保护。张家港汽车厂生产的、由被告负责销售的汽车存在严重质量问题，这已被客观存在的损害事实和汽车质量监督检验部门的鉴定结论所证实。因该车纵梁部位在保修期内发生多处裂伤，致使汽车纵梁已无修复价值，原告要求更换纵梁，赔偿营运损失的诉讼请求符合法律规定，但赔偿金额过高部分不予支持。据此，判决：被告汽车贸易公司在判决生效之日起三十日内为原告更换该车纵梁或支付原告更换新纵梁所需费用 9000 元，并赔偿原告营运损失 3000 元。被告不服上诉至吉安市中级人民法院，二审判决：维持原判。

这是一起典型的因销售产品质量存在瑕疵引起的赔偿纠纷案。《中华人民共和国民法通则》第 122 条规定：因产品质量不合格造成他人财产、人身损害的，产品制造者、销售者应当依法承担民事责任。对于产品销售者和生产者的民事责任，《中华人民共和国质量法》第 28 条规定：售出不符合以产品说明、实物样品等方式表明的质量状况的，给消费者造成损失的，销售者应当赔偿损失。第 29 条规定：因产品存在缺陷造成人身、他人财产损害的，生产者应当承担赔偿责任。从本案的案情分析来看，在原告所购汽车运营不到半年的时间内，因汽车纵梁故障，多次造成汽车误班误点、停运修理、旅客中途退票，给原告商业信誉带来严重影响，经营损失达 3000 元，被告作为汽车销售商因所售出的有严重质量缺陷的汽车而造成原告的损失，此部分损失既包括汽车本身更换纵梁，法律上称之为恢复原状，也包括因汽车质量缺陷致使原告运营损失，均需承担赔偿责任。另外，本案涉及一个诉讼技巧问题，按法律有关规定，有缺陷产品的生产者与销售者都有赔偿责任，作为消费者的原告从方便诉讼、方便执行的角度，可以从中选择其一作为被告，有利于降低诉讼成本、节省诉讼费用。至于造成产品缺陷的责任在于销售者还是生产者，消费者大可不必深究。还要说明一点，因产品缺陷引发赔偿案件的诉讼时效为 2 年，自当事人知道或应当知道其权益受到损害时起计算，该项请求权另有一个时效规定，就是造成损害的缺陷产品从交付给最初用户满十年，产品的质量索赔案件即超过了诉讼时效，但未超过产品明示的安全期的除外。

汽车应该是目前民用品里制造工艺最复杂的产品了，汽车产品的生产是一个相当严密的过程，各工序都有严格的检验关卡。但是由于无法预计的原因，产品质量缺陷是不可避免的，因此，汽车制造厂为汽车产品(包括整车和配件)提供了有条件的保修索赔。汽车生产企业做好相关的保修索赔工作，就可以避免这些质量缺陷给用户带来的不便。同时，出色的保修索赔工作也是树立品牌形象、为营销和售后服务赢得市场的重要手段。

汽车制造厂通过特约服务站提供面向用户的窗口，用户的保修索赔工作由特约服务站来完成。汽车制造厂同时为特约服务站提供了便捷的保修索赔工作环境，特约服务站也应该严格按照汽车制造厂的保修索赔政策为每一位用户做好保修索赔服务工作。

6.1 保修索赔条件及范围

各个汽车制造厂保修索赔的具体规定尽管有些不同，但原则上没有大的区别。整车、配件的保修索赔期和保修索赔范围一般包括以下内容。

一、什么是保修索赔

保修索赔是针对汽车产品在质量担保期内发生损坏，由特约维修服务站为客户进行免费维修，并由汽车制造厂商售后服务部结算特约维修服务站费用的一种服务方式。

二、保修索赔期

1. 整车保修索赔期

(1) 整车保修索赔期是从车辆开具购车发票之日起的24个月内，或车辆行驶累计4万公里内，两条件以先达到的为准，即超出以上两范围之一者，该车就超出保修索赔期。

(2) 整车保修索赔期内，特殊零部件(如减震器、氧传感器、轮胎等)依照特殊零部件保修索赔期的规定执行。

特殊零部件保修索赔期的规定如表6-1所示。

表6-1 特殊零部件保修索赔期

特殊零部件名称	保修索赔期
控制臂球头销	12个月或者4万公里
前减震器、后减震器	12个月或者4万公里
等速万向节	12个月或者4万公里
喇叭	12个月或者4万公里
蓄电池	12个月或者4万公里
氧传感器	12个月或者4万公里
防尘套(横拉杆、万向节)	12个月或者4万公里
各类轴承	12个月或者4万公里
橡胶件	12个月或者4万公里
喷油器	12个月或者4万公里
三元催化转化器	12个月或者4万公里

捷达车易损件的质量担保期如表6-2所示。

表6-2 捷达车易损件的质量担保期

易损件名称	质量担保期
灯泡	6个月或5000公里
轮胎	6个月或5000公里

续表

易损件名称	质量担保期
火花塞	6个月或5000公里
全车玻璃件	6个月或5000公里
前制动摩擦衬片、后制动蹄片	6个月或5000公里

2. 配件保修索赔期

(1) 在整车保修索赔期内由特约服务站免费更换安装的配件，其保修索赔期为整车保修索赔期的剩余部分，即随整车保修索赔期的结束而结束。

(2) 由用户付费并由特约服务站更换和安装的配件，从车辆修竣客户验收合格日和公里数算起，其保修索赔期为12个月或4万公里(两条件以先达到为准)。在此期间，因为保修而免费更换的同一配件的保修索赔期为其付费配件保修索赔期的剩余部分，即随付费配件保修索赔期的结束而结束。

三、保修索赔的前提条件

(1) 必须是在规定的保修索赔期内。

(2) 用户必须遵守《保修保养手册》的规定，正确驾驶、保养、存放车辆。

(3) 所有保修服务工作必须由汽车制造厂设在各地的特约服务站实施。

(4) 必须是由特约服务站售出并安装或原车装在车辆上的配件，方可申请保修。

四、保修索赔范围

(1) 在保修索赔期内，车辆正常使用情况下整车或配件发生质量故障、修复故障所花费的材料费、工时费属于保修索赔范围。

(2) 在保修索赔期内，车辆发生故障无法行驶，需要特约服务站外出抢修，特约销售服务站在抢修中的交通、住宿等费用属于保修索赔范围。

(3) 汽车制造厂通常为每一辆车提供两次在汽车特约销售服务站进行免费保养的机会。两次保养的费用属于索赔范围。其中免费保养项目包括：

① 2000公里免费保养项目。

a. 更换机油及机油滤清器。

b. 检查传动皮带。

c. 检查空调暖风系统软管和接头。

d. 检查冷却液。

e. 检查冷却系软管及卡箍。

f. 检查通风软管和接头。

g. 清洗空气滤清器滤芯。

h. 检查油箱盖、油管、软管和接头。

i. 检查制动液和软管。

j. 检查、调整驻车制动器。

k. 检查轮胎和充气压力。

l. 检查灯、喇叭、刮水器和洗涤器。

② 6000 公里免费保养项目。

a. 更换机油及机油滤清器。

b. 检查冷却液。

c. 检查冷却系软管及卡箍。

d. 检查通风软管和接头。

e. 清洗空气滤清器滤芯。

f. 检查油箱盖、油管、软管和接头。

g. 检查排气管和安装支座。

h. 检查变速箱油、差速器油。

i. 检查制动液和软管，必要时添加制动液。

j. 检查、调整驻车制动器。

k. 检查、调整前后悬架。

l. 检查、调整底盘和车身的螺栓和螺母。

m. 检查动力转向液，必要时添加。

n. 检查轮胎和充气压力。

o. 检查灯、喇叭、刮水器和洗涤器。

p. 检查空调暖风系统。

q. 检查空调滤清器。

五、不属于保修索赔的范围

（1）汽车制造厂特许经销商处售出的每一辆汽车都随车配有一本《保修保养手册》，该《保修保养手册》须盖有售出该车的特许经销商的印章，并在购车客户签名后方可生效。不具有该《保修保养手册》，《保修保养手册》上印章不全或者发现擅自涂改《保修保养手册》情况的，汽车特约服务站有权拒绝客户的保修索赔申请。

（2）车辆正常例行保养和车辆正常使用中的损耗件不属于保修索赔范围，如：

a. 润滑油、机油和各类滤清器。

b. 火花塞。

c. 刹车片、离合器片。

d. 清洁剂和上光剂等。

e. 灯泡。

f. 轮胎。

g. 雨刮片。

（3）因不正常保养造成的车辆故障不属于保修索赔范围。汽车制造厂的每一位用户应该根据《保修保养手册》上规定的保养规范，按时到汽车特约服务站对车辆进行保养。如果车辆因为缺少保养或未按照规定的保养项目进行保养而造成的车辆故障，不属于保修索赔范围（如：未按照规定更换变速器油，而造成变速器故障，特约服务站有权拒绝用户的索赔申请）。同时汽车特约服务站有义务在为用户每次做完保养后记录下保养情况（记录在用户的《保修保养手册》规定位置，并盖章），并提醒用户下次保养的时间和内容。

（4）车辆不是在汽车制造厂授权服务站维修的，或者车辆安装了未经汽车制造厂售后服务部门许可的配件，不属于保修索赔范围。

(5) 用户私自拆卸更换里程表或者更改里程表读数的车辆(不包括汽车特约服务站对车辆故障诊断维修的正常操作)不属于保修索赔范围。

(6) 因为环境、自然灾害、意外事件造成的车辆故障不属于保修索赔范围(如:酸雨、树胶、沥青、地震、冰雹、水灾、火灾、车祸等)。

(7) 由于特约销售服务站操作不当造成的损坏不在保修索赔范围。同时,特约销售服务站应当承担责任并进行修复。

(8) 间接损失不属于保修索赔范围。因车辆故障引起的经济、时间损失(如:租赁其他车辆或在外过夜等)不属于保修索赔范围。

(9) 在保修索赔期内,用户车辆出现故障后未经汽车制造厂(或汽车特约服务站)同意继续使用而造成进一步损坏,汽车制造厂只对原有故障损失(须证实属于产品质量问题)负责,其余损失责任由用户承担。

(10) 车辆发生严重事故时,用户应保护现场,并应保管好损坏零件,但不能自行拆卸故障车。经汽车制造厂和有关方面(如保险公司等)鉴定事故原因后,如属产品质量问题,汽车制造厂将按规定支付全部保修及车辆拖运费用。如未保护现场或因丢失损坏零件以致无法判明事故原因的,汽车制造厂不承担保修索赔费用。

六、保修索赔原则

(1) 索赔期间的间接损失(车辆租用费、食宿费、营业损失等)汽车生产企业不予赔偿。

(2) 索赔包括根据技术要求对汽车进行的修复或更换,更换下来的零部件归汽车生产企业所有。

(3) 经销商从汽车生产企业的备件部门订购的备件在未装车之前发生故障,可以向汽车生产企业的备件部门提出索赔。

(4) 关于常规保养,汽车生产企业或用户已经支付给经销商费用,经销商有责任为用户的车辆做好每一项保养工作。如果用户车辆在经销商处保养后,对保养项目提出索赔要求,应由经销商自行解决。

(5) 严禁索赔虚假申报,若发生此种情况,责任由经销商承担。

(6) 严禁使用非原厂备件办理索赔,若发生此种情况,责任由经销商承担。

(7) 空气滤清器、机油滤清器、燃油滤清器不予索赔。

(8) 对于汽车使用维护过程中需要进行的调整项目,各汽车生产企业不单独为用户办理索赔项目。这些项目是:

① 发动机 CO 值调整;发动机燃油消耗测定。

② 发动机正时齿带、压缩机皮带张紧度调整。

③ 轮胎动平衡检查调整;发动机控制单元基本设定。

④ 需要使用检测仪器进行的检测调整。

⑤ 车轮定位参数的调整;大灯光束调整。

⑥ 汽车行驶超过首保里程,而空调系统需要加注 R134a 的情况。

七、备件的索赔原则

(1) 备件在一年内且车辆里程不超过十万公里,出现质量问题,用户有权向汽车生产企业的特许经销商提出索赔。

(2) 关于备件索赔的有关规定说明：

① 对于蓄电池的索赔：只有蓄电池断格故障才可以提出索赔申请，对于蓄电池电量不足的情况，不能提出索赔申请。

② 对于传动轴总成、空调系统及后桥总成的索赔，汽车生产企业原则上不予受理。

八、其他保修索赔事宜

1. 库存待售成品车辆的保修

由汽车制造厂商技术服务代表定期（至少每 3 个月 1 次）对中转库和代理商（经销商）展场的车辆进行检查，各地特约服务站配合。对车辆因放置时间较长出现油漆变（褪）色、锈蚀、车厢底板翘曲变形等外观缺陷，由汽车制造厂索赔管理部批准后可以保修。保修工作由汽车制造厂设在各地的特约服务站完成。

2. 保修索赔期满后出现的问题

对于过了保修索赔期的车辆，原则上不予保修索赔。如确属耐用件存在质量问题，则由汽车制造厂技术服务代表和汽车特约服务站共同对故障原因进行鉴定，在征求汽车制造厂索赔管理部同意后可以进行保修处理。因保养、使用不当造成的损坏或易损件的损失不能保修。

3. 更换仪表

因仪表有质量问题而更换仪表总成的，汽车特约服务站应在用户《保修保养手册》上注明旧仪表上的里程数及更换日期。

4. 故障原因和责任难以判断的问题

对于故障原因和责任难以判断的情况，如用户确实按《使用说明书》规定使用和保养车辆且能出示有关证据，如出示保养记录、询问驾驶人对车辆性能和使用的熟悉程度等符合规定的车辆，须报汽车制造厂索赔管理部同意后可以保修。

索赔保修协议

本索赔保修协议（“协议”）由下述双方签订后于即日起生效。

____________________（以下简称甲方）根据中华人民共和国法律组建和存续的中外合资经营企业，其法定地址为中国上海浦东金桥出口加工区申江路 1500 号；

与____________________（以下简称乙方），一家根据中华人民共和国法律组建和存续的有限责任公司，是与甲方签署了特约售后服务合同的特约授权售后服务中心，其法定地址为____________________。

鉴于乙方为购买甲方产品的客户提供保修服务，甲方按照约定对乙方已产生的索赔维修及相关索赔费用进行审核并对甲方认可的保修期内的索赔进行支付。

因此，双方协议如下。

1. 定义：

“甲方产品”指由甲方制造、销售、经销及经甲方书面认可的所有在届时的汽车目录及价格表中指定的（别克、雪佛兰、凯迪拉克）品牌汽车系列。

“保修服务”：乙方依照售后服务中心运营标准为甲方产品提供的保养、维修服务，包括但不限于对甲方产品进行检查、维护、保养和修理。

“索赔规定”：由甲方制定、颁布或认可的索赔政策、索赔管理流程。

“索赔件”：修正在质保期内与材料质量和制造工艺有关的车辆缺陷时所换下来的配件。

2. 乙方应按照索赔规定负责为甲方客户提供产品的保修服务。甲方有权不时对索赔规定进行修改,并及时将修改后的索赔规定通知乙方,乙方同意在收到上述通知后根据通知的要求执行新的索赔规定。

3. 甲方有权对乙方的保修服务进行管理和监督,并有权对乙方不符合要求的保修服务追究违约责任。

4. 乙方应妥善保留相关索赔文件和索赔件,以便甲方审计和确认,并应按甲方的要求对索赔件进行处理。

5. 本协议及附件未尽事宜,应根据双方签订的特约售后服务合同执行。

6. 本协议有效期至____年____月____日止,并随特约售后服务合同的终止而终止。

7. 本协议附件为协议不可分割的一部分,与本协议具有同等法律效力。

8. 本协议一式两份,经双方授权代表签署后生效,双方各执一份。

9. 本协议附件:

附件:索赔件管理流程。

甲方:________________	乙方:________________
姓名:________________	姓名:________________
职务:________________	职务:________________
日期:________________	日期:________________

6.2 保修索赔工作机构

一、保修索赔工作机构的组成

保修索赔工作机构由汽车制造厂索赔管理部和汽车特约服务站索赔员组成。

1. 汽车制造厂索赔管理部

汽车制造厂索赔管理部隶属于汽车制造厂的售后服务机构。售后服务机构负责售后业务,主要部门有:售后服务部、配件供应部、索赔管理部。售后服务部主要负责设备安装、调试及使用、培训、技术支持、资料手册编辑、特约服务站服务工作的协调监督等业务;配件供应部主要负责整车、配件保修索赔期内的保修索赔以及再索赔工作,主要有:索赔工时、故障代码的制订和校核,索赔单据的审核和结算,产品质量信息的收集与反馈,再索赔结算及协调等业务。

汽车制造厂在全国选符合 4S 标准(集整车销售、汽车维修、配件供应、信息反馈为一体)的汽车特约服务站。汽车制造厂为特约服务站提供全面的技术支持,如信息系统的建设支持和运费的补偿。同时,汽车制造厂建立培训中心,为特约服务站进行技术、管理培训。成立应答中心,及时提供信息咨询和意见反馈。

2. 汽车特约服务站索赔员

(1) 对索赔员的具体要求。要求每个特约服务站必须配备一名专职索赔员,专职索赔员的主要工作是保修索赔、免费保养和质量信息反馈。根据索赔的工作性质,对专职索赔员提出了以下具体要求:

① 具有必备的汽车专业理论知识。

② 具有丰富的现场维修经验,有对汽车故障进行检查和判断的能力。

③ 有较强的语言表达能力,善于沟通。

④ 为人正直,工作仔细认真。

⑤ 具有计算机基本应用能力。

⑥ 通过汽车制造厂的专职索赔员培训,考核合格并授予上岗证书。

(2) 索赔员的工作职责。每一位专职索赔员都是汽车制造厂保修索赔工作的代表,其工作职责如下:

① 充分理解保修索赔政策,熟悉汽车制造厂保修索赔工作的业务知识。

② 对待用户要热情礼貌、不卑不亢,认真听取用户的质量抱怨,实事求是做好每一辆提出索赔申请故障车的政策审核和质量鉴定工作。

③ 严格按照保修索赔政策为用户办理索赔申请。

④ 准确、及时地填报汽车制造厂规定的各类索赔表单和质量情况报告,完整地保管和运送索赔旧件。

⑤ 积极向用户宣传和解释保修索赔政策。

⑥ 积极协助用户做好每一次免费保养和例行保养。

⑦ 在用户的《保修保养手册》上记录好每一次保修和保养情况。

⑧ 严格、细致地做好售前检查。

⑨ 及时准确地向汽车制造厂索赔管理部提交质量信息报告。重大质量问题及时填写《重大故障报告单》,传真至汽车制造厂索赔管理部。

二、各机构工作职责

1. 汽车制造厂

(1) 建立汽车特约服务站,对特约服务站的人员进行培训,帮助特约服务站提高技术水平和管理水平。

(2) 向各区域派出汽车制造厂的技术服务代表,检查各特约服务站保修索赔的执行情况,评估各特约服务站索赔员的业务能力。

(3) 遇到疑难问题,汽车制造厂将通过函电指导或派代表及技术人员现场提供技术支持。

(4) 特约服务站在保修索赔服务中如被发现有欺骗行为(如伪造索赔单等),汽车制造厂将拒付索赔费,并视情节给予罚款处理,甚至取消其索赔资格。如造成严重的社会影响,将追究其责任。

2. 汽车特约服务站工作职责

(1) 特约服务站是被授权对汽车产品进行保修索赔服务的企业。特约服务站有责任向所有符合保修索赔条件的用户提供满意的保修索赔服务,不得以任何形式与理由拒绝用户提出的正当合理的保修索赔要求。

(2) 特约服务站必须按汽车制造厂的规定配置相关的硬件(专用质量鉴定设备、索赔申请提交设备、专职人员、专用仓库等)和软件(电脑管理软件、专业培训、专业鉴定技术等)。

(3) 贯彻汽车制造厂保修索赔政策,实事求是为用户提供保修索赔服务,既不可推脱责任,也不可为用户提交虚假的索赔申请。

(4) 特约服务站在进行保修索赔工作中,有效的调整和维修是首选的措施,当调整和维修无法达到应有的技术要求时可以更换必要的零件或总成。

(5) 特约服务站有责任配合汽车制造厂处理好用户的质量投诉,特约服务站作为汽车制造厂的代表之一,不可推卸用户对质量投诉的责任。

(6) 为了提高产品质量,特约服务站应按规定向汽车制造厂索赔管理部提供有效的质量情况反馈。

(7) 妥善保管在索赔服务中更换的零配件,严格执行汽车制造厂的索赔旧件管理制度。

3. 汽车经销商工作职责

(1) 执行汽车制造厂的新车交付验收标准,出现疑问应及时向汽车制造厂反映。

(2) 执行汽车制造厂新车仓库管理制度,按规定做好新车保养。

(3) 及时向汽车制造厂技术服务代表或者汽车制造厂索赔管理部反馈车辆库存中的质量信息,避免因延误处理而产生不应有的质量损失。

(4) 如果因车辆移动造成的事故,或者因保管不善造成零部件丢失或损坏,经销商应负责将车辆恢复到符合技术标准的状态,不得向用户出售不符合要求的车辆。

(5) 及时向汽车制造厂反映用户的意见或要求,协助汽车制造厂处理市场反馈的产品质量信息。

(6) 帮助汽车制造厂建立与用户的联络渠道,共同提高对用户的服务能力和水平。

6.3 保修索赔工作流程

一、保修索赔的工作流程

(1) 用户至特约服务站报修。

(2) 业务员根据用户报修情况、车辆状况及车辆维护记录,预审用户的报修内容是否符合保修索赔条件(特别要检查里程表的工作状态),如不符合请用户自行付费修理。

(3) 把初步符合保修索赔条件的车辆送至保修工位,索赔员协同维修技师确认故障点及引起故障的原因,并制订相应的维修方案和审核是否符合保修索赔条件。如不符合保修索赔条件,通知业务员,请用户自行付费修理。

(4) 索赔员确认用户车辆符合保修索赔条件后,根据情况登记车辆相关数据,为用户分类提交索赔申请。特殊索赔需事先得到汽车制造厂索赔管理部审批通过,然后及时给予用户车辆保修索赔。

(5) 保修结束后,在索赔件上挂上"索赔旧件悬挂标签",送入索赔旧件仓库统一保管。

(6) 索赔员每天要统计当天的索赔申请,填写《索赔申请表》。

(7) 每月一次在规定时间内向汽车制造厂索赔管理部提交《索赔申请表》。

(8) 索赔员每月一次按规定时间,按规定包装索赔件(见索赔件处理规定)并由第三方物流负责运回汽车制造厂索赔管理部。

(9) 经汽车制造厂索赔管理部初步审核不符合条件的索赔申请将予以返回,索赔员根据返回原因立即修改,下次提交索赔申请时一起提交,以待再次审核。

(10) 汽车制造厂索赔管理部对符合条件的索赔申请审核完成后,将索赔申请结算单返给各特约服务站,特约服务站根据结算单金额向汽车制造厂索赔管理部进行结算。

索赔的基本工作流程如图 6-1 所示。

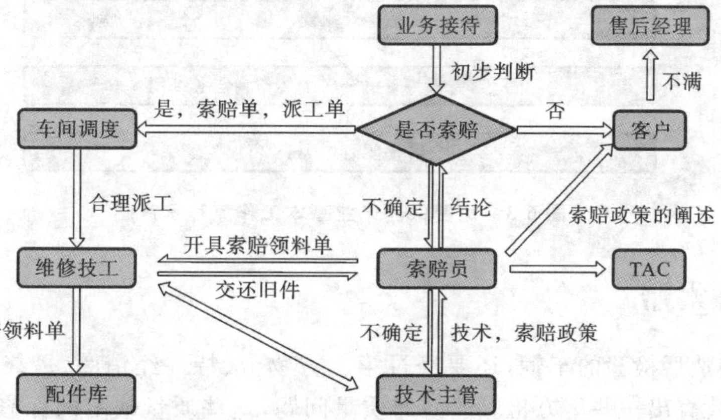

图 6-1　索赔的基本工作流程示意图

二、汽车召回作业流程

当汽车整车出现批次性质量问题时,根据我国汽车召回的相关规定,由汽车制造厂商发布召回信息,由汽车制造厂商特约服务站负责进行维修处理。

汽车召回作业基本工作流程如图 6-2 所示。

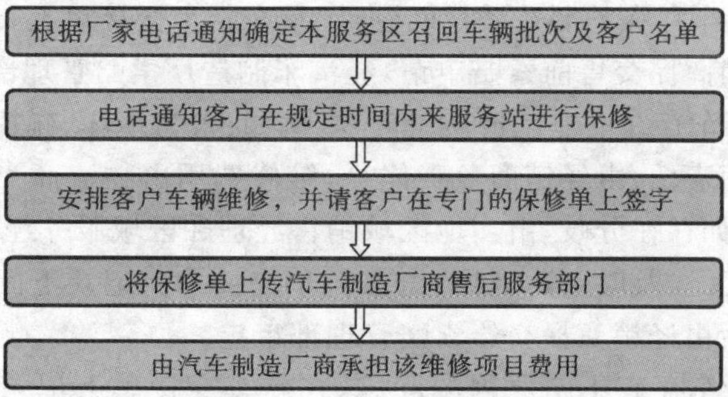

图 6-2　汽车召回作业基本工作流程示意图

三、汽车的免费保养作业流程

一般地,汽车制造厂商对汽车提供两次免费保养服务,免费保养作业流程如图 6-3 所示。

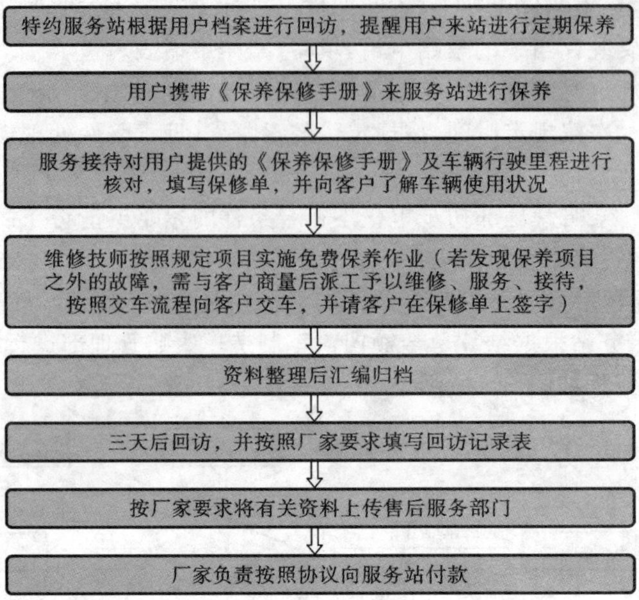

图 6-3　免费保养作业基本工作流程示意图

四、售前索赔

通过汽车制造厂检验的车辆，还要经过第三方物流、特许经销商、最终用户的各道接车检查，之间可能会检查出一些厂方检验遗漏的质量问题，这些质量缺陷的保修属于售前索赔。为了规范新车交接各方检验的程序，分清新车受损的责任方，一般有以下规定：

(1) 物流商承接新车时，装车前必须认真做好新车交接检验程序，特别注意油漆、玻璃、外装饰件、内饰、轮胎及其外装饰、随车附件、工具资料等。如发现问题，及时请汽车制造厂销售公司解决。检验合格经双方签字确认后，物流商将负责运输全程新车的完好，运输途中造成的一切损失将由物流商承担。

(2) 经销商承接新车时，必须认真做好新车交接检验程序，特别注意油漆、玻璃、外装饰件、内饰、轮胎及其外装饰、随车附件、工具资料等，检验合格后经双方签字确认。

(3) 检验中，发现新车存在的制造质量问题，记录在新车交接单上，经双方签字确认。其中发生的维修费用，由经销商提交售前索赔申请，经汽车制造厂索赔管理部审定后予以结算。

(4) 检验中，发现新车存在的非制造质量问题，例如：人为损坏、碰撞、异物污染、酸碱侵蚀、附件遗失等，如属物流商责任，由经销商负责修复，维修费用由物流商当场支付，维修费用按索赔标准结算。交接双方如存在分歧，由当地区域销售经理和区域服务经理现场核定。如区域销售经理和区域服务经理无法及时到达现场，先在新车交接单上记录下问题(必要时拍摄照片)，并经双方签字确认，事后由经销商提交给索赔管理部审定。

(5) 检验中，发现新车存有不明原因的问题，在新车交接单上记录下问题(必要时拍摄照片)，并经双方签字确认，事后由经销商提交给索赔管理部审定。

五、配件索赔

用户自行付费且在服务站更换的零部件或总成，在保修索赔范围内出现质量故障，这类索赔情况属于配件索赔。提出这类配件索赔，必须在索赔申请表后附带购件发票的复印件。换件修复后还需要在更换配件的付费发票备注栏内，如实写明当时车辆已经行驶的公里数。

索赔登记卡如图 6-4 所示。

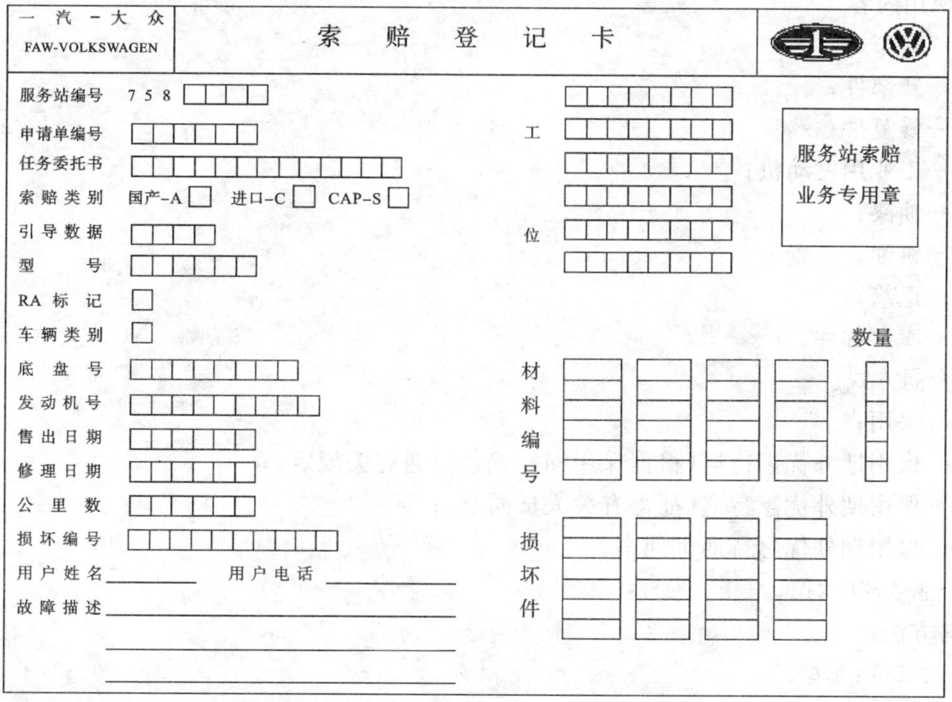

图 6-4 索赔登记卡

填写说明：

(1) 一汽-大众特约服务站编号，7 位数，由售后服务部提供。其中一汽-大众编号为三位数字(1、2、3 位)；地区编号为两位数字(4、5 位)；服务站编号为两位数字(6、7 位)。

(2) 索赔申请单编号，6 位数。年份：1、2 位；序号：3、4、5、6 位。

(3) 任务委托书号，13 位数。修理类别：1、2 位；年、月、流水号：3～11 位。

注：0——首保，1——索赔，2——保养，3——小修，4——大修，5——事故车，6——返工。当前年 4 位，当前月 2 位，流水号 5 位，如：1-20040100001。

(4) 索赔类别(由索赔件的来源决定)。

(5) 引导数据，共 4 位，揭示各类质量担保形式的可能性，每一位数都有一定的揭示作用，各位数字分别代表如下。

第一位数：保用车型。

第二位数：记账形式。

第三位数：保用内容。

第四位数：合同方式。

① 保用车型。

1——大众轿车；

2——大众载重车；

4——奥迪轿车。

② 记账形式。

1——贷方凭证；

2——额外支付款额；

3——顾客全付款额。

③ 保用内容。

1——整车；

2——新部件；

3——修复件；

4——工业用发动机；

5——油漆；

6——锈蚀；

7——返修；

8——库存部件。

④ 合同方式。

1——保用；

2——保用期外优惠待遇（根据保用期外优惠待遇有关规定）；

3——保用期外优惠待遇（征得有关人员同意）；

4——保用期外优惠待遇询问书。

（6）型号，共六位。

编写方法：

第一、二位：车型。

Jetta：1G；宝来：1J；开迪：2K；迈腾：9X；速腾：9L；高尔夫：2J；进口迈腾：3C。

第三位：车身。

第四位：装备。

第五位：发动机。

MPI——M；

SDI——D。

第六位：传动器。

01M 自动变速器——3；

5 挡手动变速器——4。

（7）RA 标记，共一位，表明修理种类。关于 RA 码标记说明如下。

索赔内容属于下列各项之一的，RA 码必须为“1”：外出服务、运费、油漆、充氟、修复。

为了保证见件索赔的严密性，凡是发生材料费用而没有旧件返回的索赔如各种油（液）类，RA=2。

具体做法：填写一张索赔申请单并附条形码，与装箱单一起放在索赔件包装箱内寄到一汽-大众公司指定地点。车辆类别：共一位，车辆用途、含义如下。

T——出租车；

W——商品车；

B——公务用车；

P——私人用车。

（8）底盘号，十七位，填写底盘号码的后八位。

底盘号位置：

① 打印在发动机舱内流水槽上；

② 粘贴在仪表板处。

(9) 售出日期(购买日期,以购车发票为准)。共六位,日、月、年份各两位。例如:购车日期为2003年1月10日,则该日期应填写“100103”。

(10) 修理日期,共六位,日、月、年份各两位。请填写车辆修理日期,要与任务委托书上修理日期一致。

(11) 里程数,车辆修理时的行驶里程,靠右侧填写。

(12) 用户姓名。详细填写用户姓名,若是公务用车,填写单位名称。

(13) 用户电话,详细填写。

(14) 故障描述。详细准确填写故障现象及原因。

(15) 材料编号。

更换上的新件零件号,要与当日小R3出库材料号相同,录错不能修改,会造成“无订货”。

(16) 损坏件。应填写更换下的旧件零件号。

若实物无零件号,分两种情况:

① 若损坏件编号与材料编号同类别,则损=材;

② 若不同类别,则如损坏件编号(C类)=材料编号(A类)的进口(C)替换件。

(17) 数量,为两位数。

6.4 索赔旧件的管理

一、索赔旧件处理规定

(1) 被更换下来的索赔旧件的所有权归汽车制造厂所有,各特约服务站必须在规定时间内按指定的方式将其运回汽车制造厂索赔管理部。

(2) 更换下来的索赔旧件应挂上索赔旧件悬挂标签,保证粘贴牢固并按规定填写好该标签,零件故障处需要详细填写,相关故障代码和故障数据也须填写完整。索赔旧件悬挂标签由汽车制造厂索赔管理部统一印制,特约服务站可以向索赔管理部申领。

(3) 故障件的缺陷、破损部位一定要用红色或黑色不易脱落的颜料或记号笔作出明显标记。

(4) 应尽可能保持索赔旧件拆卸下来后的原始故障状态,一些规定不可分解的零件不可擅自分解,否则将视作该零件的故障为拆卸不当所致,不予索赔。

(5) 旧机油、变速箱油、刹车油、转向机用油、润滑油脂、冷却液等不便运输的索赔旧件无特殊要求不必运回,按当地有关部门规定自行处理(应注意环保)。

(6) 在规定时间内将索赔旧件运回。回运前索赔员需要填写《索赔件回运清单》,注明各索赔件的装箱编号。索赔旧件必须统一装箱,箱子外部按规定贴上《索赔旧件回运装箱单》并把箱子封装牢固。

(7) 汽车制造厂索赔管理部对回运的索赔旧件进行检验后,对存在问题的索赔申请将返回或取消。

(8) 被取消索赔申请的旧件,各特约服务站有权索回,但须承担相应运输费用。

索赔件库如图6-5所示。

二、索赔旧件回收规定

汽车制造厂商为了加强对汽车维修服务站维修质量的管理，便于进行产品质量跟踪，要求各汽车维修服务站对更换下的三包旧件分类回收，大部分旧件要返回汽车制造厂商。在旧件回收工作中，特约服务站必须遵守下列规定：

(1) 特约服务站对汽车进行保修服务时，应按规定将回收的旧件及时返回汽车制造厂商售后服务部门。

(2) 特约服务站为用户进行维修服务后应即时填写旧件标签，并按照一件一签套牢在每一旧件上。旧件标签上须填写发动机号、车辆识别号（VIN 代码）、行驶里程、购车日期、维修日期、服务站代码、服务站名称和故障原因。

(3) 服务站在返回旧件时，须正确填写《保修材料回收统计单》。其编号与结算单上填写的编号一致，一式三份，服务站自留一份。

索赔件标签操作要求如图 6-6 所示。

图 6-5　索赔件库

图 6-6　索赔件标签操作要求

三、旧件的包装规定

(1) 服务站打印出《维修旧件发送装箱单》，并盖上服务站公章。

(2) 将《维修旧件发送装箱单》放入旧件包装箱内。

(3) 每件包装箱外表面都必须注明服务站名称、每件的编号和该批旧件的总件数。总成件必须完整，不得出现拼凑和缺少零件的现象。对笨重件或者易碎件应分类分别装箱，避免损坏。对小零部件用纸箱或塑料袋分类包装后放入大箱内，大箱应牢固。如果是纸箱，其外面应加尼龙编织袋，以防货运中散落。

(4) 凡不按上述规定包装造成的损失，由服务站自行承担。

四、旧件的发送规定

(1) 各服务站每月应将经过校验、包装后回收的旧件及时发往汽车制造厂索赔管理部。

(2) 各服务站在返回旧件时，应认真填写收货单位、地址、邮编、电话，并及时寄回提货单。

(3) 在填写发送单时，收货单位不得填写个人。如因填写不准，造成收货困难，影响保修旧件回收和保修费用结算，责任由发货单位承担。

(4) 旧件发送提货单一般由特快专递寄到汽车制造厂索赔管理部，采用代理发运的服务站必须在发送单和提货单上填上服务站名称、联系人和联系电话。提货单(或领货凭证)上的发货日期及货单号码必须清楚，以便在到货时核对查找。

(5) 在运输过程中发生的货损，由特约服务站自行负责索赔。

(6) 因特约服务站的原因，造成提运旧件延误时间而被货运单位罚款的，特约服务站不得报销保修件运费，罚款金额从特约服务站三包结算费用中扣除。

五、旧件的验收管理

(1) 旧件无标签或标签书写不规范的，视为无旧件回收。

(2) 索赔旧件悬挂标签与《维修旧件发送装箱单》《保修材料回收统计单》填写不一致的，视为无旧件回收。

(3) 对于旧件中未按照规定自行拆装、缺件，或电气零件被剥线，插接件破坏，仪表、ECU 壳体损坏等的旧件，视为无旧件回收。

(4) 对于回收的旧件中非生产厂家核定的配套供应商提供的零件，一律按无旧件回收处理。

(5) 旧件回收中发现未经批准的市场采购零部件，视为无旧件回收。

(6) 对于同一总成件混装不同配套供应商产品的旧件，或总成件缺件、少件的旧件，皆视为无旧件回收。

(7) 故障现象不明，或故障类别与旧件实际故障明显不符的，视为无旧件回收。

(8) 由于服务站判断失误造成旧件不能向配套单位索赔的，根据配套单位提供的名单，由技术服务处将相应损失从服务商保修费中扣除。

6.5 质量情况反馈的规定

特约服务站向汽车生产厂商所反馈的信息是品牌汽车制造厂商提高产品质量、调整服务政策的重要依据。每一个特约服务站都应该组织一个质量检测小组，由经理带领，会同索赔员、服务顾问、备件管理人员、车间主任和技术骨干，对该特约服务站的所有来店车辆的质量信息进行汇总研究、技术分析、排除故障试验，并向汽车制造厂索赔管理部定期作出反馈。《缺陷汽车产品召回管理规定》由国家质量监督检验检疫总局、国家发展和改革委员会、商务部、海关总署联合审议通过，自 2004 年 10 月 1 日起开始实施。《缺陷汽车产品召回管理规定》是我国以缺陷汽车产品为试点首次实施的召回制度。汽车制造厂售后服务将为提高汽车产品的质量定期召开技术研讨会。同时，汽车制造厂索赔管理部将把质量情况反馈工作作为对特约服务站年终考核的一项标准，并对此项工作做得出色的站点予以嘉奖。

为了让各特约服务站的质量研究工作统一有序地进行，各特约服务站应做好以下工作：

1. 重大故障报告

各特约服务站在日常工作中如遇到重大的车辆故障，必须及时、准确、详尽地填写《重大故障报告单》，立即传真至汽车制造厂索赔管理部，以便汽车制造厂各部门能及时作出反应。重大故障包括：影响乘客安全的故障，如主、被动安全系统故障、轮胎问题、车门锁止故障等；影响环保的故障，如排放超标、油液污染等；影响车辆正常行驶的故障，如动力系统、转向系统、制动系统的故障等。

2. 常见故障报告和常见故障避除意见

各特约服务站应坚持在每月底对当月进场维护的所有车辆产生的各种故障进行汇总，统计出发生频率最高的十项故障点或故障零件。并对其故障原因进行分析，提出相应的故障避除意见。各站需在每月初向汽车制造厂索赔管理部提交上月的常见故障报告和常见故障避除意见。

3. 用户质量抱怨反馈表

各特约服务站应在用户进站维修、对用户进行电话跟踪等与用户交流的过程中，积极听取用户对汽车制造厂的意见，并作相应记录。意见包括某处使用不便、某处结构不合理、某零件使用寿命过短、可以添加某些配备、某处不够美观等。各站需以季度为周期，在每季末提交用户情况反馈表。

复习与思考

1. 是否所有的汽车首次保养都在索赔范围内？
2. 三包索赔的项目，其费用应该由谁承担？
3. 为什么三包索赔单在确认之后，还可以修改？
4. 什么叫做三包索赔？
5. 简述三包索赔的流程。

第7章 汽车配件仓储管理

7

知识目标

（1）熟悉汽车配件仓储管理工作的主要内容和作用。

（2）掌握汽车配件保管和养护的基本知识。

（3）掌握汽车配件库存盘点的操作方法。

能力目标

（1）能够熟练操作汽车零配件的归类摆放。

（2）具备对汽车配件进行保养和养护的能力。

（3）了解汽车配件库存盘点的操作方法。

【案例导入】

深圳市赛格储运有限公司下属的福保赛格实业有限公司(以下简称:福保赛格)在深圳市福田保税区拥有28 000平方米的保税仓。公司的问题主要是保税仓的固定资产超过8000万元,而每年的利润却不到500万元,资产回报率太低。提高保税仓库区工作人员士气,努力增强服务意识,注重品质提升;增大物流增值服务的比例,大幅提高仓租费以外的收入来源,争取到更多利润贡献率高的优质客户,淘汰利润率低的C类客户等都是要势在必行的问题。

1. 公司现状分析

福保赛格的主要客户包括日本理光国际通运有限公司、华立船务有限公司、伯灵顿国际物流有限公司、华润物流等近百家外资、港资物流企业和分布于珠三角地区的制造企业。福保赛格面向这些企业,提供保税仓的长租和短租服务,并附带从事流通加工等物流增值服务。

福保赛格的在职员工约40名。包括5名管理人员,10名左右的叉车工人和搬运工人,另外还有报关员、报检员、客户服务人员、仓库管理员、勤杂人员(含门卫和设备检修人员)等20多人。

福保赛格的赢利模式是以仓库库位出租为核心的物流服务项目的收费。基本收费项目是仓租费。另外还有装车、卸车、并柜/拼箱,对货品进行贴标、缩膜/打板、换包装、简单加工(如分包、重新组合包装、简单装配等),以及代客户进行报关、报检等服务项目的收费。主要支出是人工、水电、仓储物和设备折旧带来的维修维护费用等。

福田保税区的特点在于有通向香港落马洲的进出境通道(一号通道)和通向深圳市区的进出关通道(二号通道)。货物进出境只需向海关备案,而进出关则需要报关。客户可以利用保税区境内关外的政策优势,实现整批进境、分批入关的延迟纳税优惠,或反之提前退税的好处。

2. 问题总结与整理

福保赛格的仓库主要是平面仓,有部分库区采用立体货架。以托盘为基本搬运单元,用叉车(以及地牛)进行进出库搬运和库内搬运。一楼是越仓区,有五辆燃气叉车。二楼到十楼为储存区,每层都有一到两台电动叉车(用蓄电池驱动)。有两个大型货运电梯上下。车辆停靠的月台有十多个车位,可以停靠货柜车、箱式车等多种型号的运输车辆。

福保赛格目前仍然是以订单为驱动、以业务为中心进行运作的仓储服务企业。还没有转型到以客户服务为中心。在该公司管理层的推动下,公司上下全体员工已经树立了全面质量管理的理念,并以ISO 9000质量管理体系的要求建立了规范化的质量文档体系。但该公司尚未正式申请或通过ISO 9000质量管理体系认证。

3. 解决方案

福保赛格及其母公司赛格储运有限公司在1999年开发过一套基于C/S体系的管理信息系统,后因结算不准确、系统灵活性差、不能适应业务变化等原因放弃使用了。自2002年底到2003年底,赛格储运有限公司与赛邦软件合作开发了一套全新的、基于Web的B/S体系的物流管理系统,覆盖了运输业务、仓储业务、财务结算等各个方面,从而实现了客户网上下单、网上查询订单处理状态、库存状态、账单明细等功能,可以做到实时结算和预约结算。

福保赛格面临的最大的问题是如何提高资产回报率。保税仓的固定资产超过8000万元，而每年的利润却不到500万元，与运输业务相比(货柜车辆的固定资产只有1000多万元，每年贡献的利润却达到2000万元以上)，资产回报率太低。提高保税仓库区工作人员士气，努力增强服务意识，注重品质提升；增大物流增值服务的比例，大幅提高仓租费以外的收入来源，争取到更多利润贡献率高的优质客户，淘汰利润率低的C类客户等都是可能的解决途径。

为了使得公司能够上台阶，提高保税仓的资产回报率，并在适当的时候通过ISO 9000质量管理体系认证。福保赛格希望通过内部实现全面质量管理来持续改进自己的管理流程，并通过信息化的手段来辅助管理的开展。他们所考虑的思路与前面我们所探讨的质量管理学大师戴明所持的观点比较吻合，首先他们希望建立现代的岗位培训制度，建立严谨的教育及培训计划。然后通过在部门中持续不断地开展培训和流程监控，消除内部部门之间的隔阂，提升所有员工主动为客户服务的意识，并且消除员工对于管理层的恐惧感，让员工敢于提出自己的观点和看法；逐步取消妨碍基层员工的工作畅顺的因素以及量化考核指标；并且通过最高层领导的积极参与，在企业内部形成一种计划、执行、检查、处理的全体员工认同的管理文化。对外开发更多的高端客户，树立以客户为中心的意识(强烈关注客户的满意度)，提出“要把服务做在客户没有想到之前”的口号。通过内部的管理流程挖潜和对外客户的优质增值服务来获得新的竞争优势。

7.1 汽车配件仓储的作用和任务

两会代表鲁冠球先生说：“零部件强则整车强，作为汽车产业链上游的零部件企业，一旦丧失了市场主体的地位，那本土汽车工业就被空心化了，而汽车产业振兴也将会成为空话。”这句话深刻地表明了汽车零部件行业在中国汽车产业中所占有的重要地位，和汽车产业发展息息相关且密不可分。这句话意在强调只要中国的汽车零部件企业强了，中国的汽车产业就一定会强。只要中国汽车零部件企业掌握了世界先进的零部件核心技术，中国的汽车产业也将会跨向又一个巅峰。

一、仓储的作用

(1) 仓库管理是保证汽车配件使用价值的重要手段，汽车配件销售企业的仓库是服务于用户的，是为本企业创造经济效益的物资基地。

(2) 仓库管理是汽车配件销售企业为用户服务的一个重要内容。

二、仓储的任务

(1) 保质，出入库把关、保养。

(2) 保量，提高仓容利用率。

(3) 及时，压缩在库停留时间。

(4) 低耗，损耗降低到最低。

(5) 费用省，进库费、保管费、出库费。

(6) 保安全，防火、防盗、防灾、防霉变、防残损。

7.2 汽车零部件仓储作业管理

一、配件入库作业

1. 验收入库的依据

(1) 根据入库凭证(含产品入库单、收料单、调拨单、退货通知单)规定的型号、品名、规格、产地、数量等各项内容进行验收。

(2) 参照技术检验开箱的比例,结合实际情况,确定开箱验收的数量。

(3) 根据国家对产品质量要求的标准进行验收。

2. 验收入库的要求

(1) 及时。验收要及时,以便尽快建卡、立账、销售,这样就可以减少配件在库停留时间,缩短流转周期,加速资金周转,提高企业经济效益。

(2) 准确。配件入库应根据入库单所列内容与实物逐项核对,对配件外观和包装认真检查,以保证入库配件数量准确,防止以少报多或张冠李戴的配件混进仓库。如发现有霉变、腐败、渗漏、虫蛀、鼠咬、变色、沾污和包装潮湿等异状的汽车配件,要查清原因,做好记录,及时处理,以免扩大损失。要严格实行一货一单制,按单收货、单货同行,防止无单进仓。

3. 验收入库的程序

(1) 点收大件。仓库保管员接到进货员、技术检验人员或工厂送货人员送来的配件后,要根据入库单所列的收货单位、品名、规格、型号、等级、产地、单价、数量等各项内容,逐项进行认真查对、验收,并根据入库配件的数量、性能、特点、形状、体积,安排适当的货位,确定堆码方式。

(2) 核对包装。在点清大件的基础上,包装物上的商品标志和运输标志,要与入库单进行核对。只有在实物、商品和运输标志、入库凭证相符时,方能入库。同时,对包装物是否合乎保管、运输的要求要进行检查验收,经过核对检查,如果发现票物不符或包装有破损异状时,应将其单独存放,并协调有关人员查明情况,妥善处理。

(3) 开箱点验。凡是出厂原包装的产品,一般开箱点验的数量为5%~10%。

(4) 过磅称重。凡是需要称重的物资,一律过磅称重,并要记好重量,以便计算、核对。

(5) 归堆建卡。归堆时一般按五五堆码原则(即五五成行、五五成垛、五五成层、五五成串、五五成捆)的要求,排好垛底,并与前、后、左、右的垛堆保持适当的距离。批量大的,可以另设垛堆,但必须整数存放,标明数量,以便查对。建卡时,注明分堆寄存的位置和数量,同时在分堆处建立分卡。

(6) 上账退单。根据进货单和仓库保管员安排的库、架、排、号,以及签收的实收数量,仓库账务管理人员逐笔逐项登账,并留下入库单据的仓库记账联,作为原始凭证保留归档。另外两联分别退还业务和财务部门,作为业务部门登录商品账和财务部门冲账的依据。配件入库的全部过程到此结束。

4. 验收入库中发现问题的处理

(1) 在验收大件时,发现少件或者多出件,应及时与有关负责部门人员联系,在得到他们同意后,方可按实收数签收入库。

(2) 凡是质量有问题，或者品名、规格出错，证件不全，包装不合乎保管、运输要求的，一律不能入库，应将其退回有关部门处理。

(3) 零星小件的数量误差在 2%以内，易损件的损耗在 3%以内的，可以按规定自行处理，超过上述比例，应报请有关部门处理。

(4) 凡是因为开箱点验被打开的包装，一律要恢复原状，不得随意损坏或者丢失。

二、配件出库

配件管理出库程序流程如图 7-1 所示。

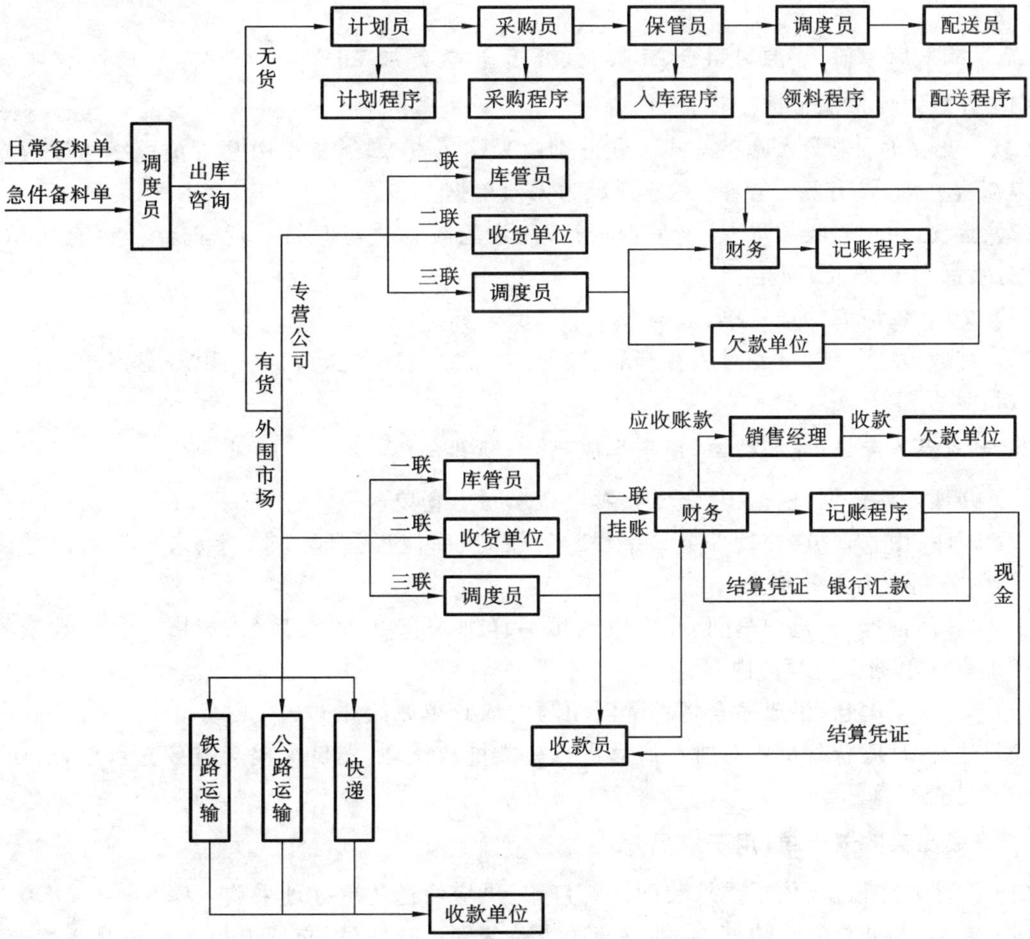

图 7-1 配件管理出库程序流程图

(1) 调度员定期催收备料单。

(2) 调度员依据备料单(日常、急件)查询库存。

(3) 调度员根据库存情况进行调配。

(4) 调度员根据结算方式开具四联、五联出库单。

① 现金结算：开具四联出库单。一联交库管员提货并留存下账；一联交提货人；一联调度员留存作账目处理；一联交收款员收款后，连同款项转交给财务。

② 挂账方式：开具一式五联出库单。一联交库管员提货并留存下账；一联交提货人；一联调度员留存作账目处理；一联交财务做账务处理；一联用于结账。

(5) 调度员整理缺料单递交计划员。

(6) 发往外地的货物,配送员在发货后要通知收货人,并将运单事后转交收货人。

(7) 挂账单位回款。

转账回款:调度员持结账联填写报销单经挂账单位签字确认后转交给财务。

现金回款:收款员收款后填写日报表送交财务。

三、仓库单据的管理

(一) 入库业务

1. 采购入库单(用于原材料仓、工具仓、纸箱仓、委外加工)

(1) 办理入库依据:供应商的送货单。

(2) 采购入库:采购入库单一式三联分别由采购负责人、送货单由仓管员签字盖收货章,按入库单流程办理,没有签字盖章,财务判定为无效单据。

(3) 验收:注意验收数量、品类是否相符,注意验收方法与产品是否符合要求,有无质量问题,部分货品包装是否破损。

(4) 交单:供应商的送货单、采购入库单送交财务。

(5) 对账:月底仓管员要对所有产品进行分类堆放整理,先自盘提交财务盘点单,后由财务复核数量是否相符。

2. 半成品入库单(或调拨单,用于半成品仓、锁匙仓)

(1) 办理入库依据:依据锁匙仓、收发电镀填写入仓单。

(2) 入库:由仓管员、交货人员签字,按半成品入库流程办理,未签字、未详细写清楚,不能收发货,财务判定为无效单据。

(3) 填写:锁匙仓、机加车间、收发电镀填写详细入仓单,写明品名、规格、颜色、数量等,仓管员详细审核单据上所写的内容。

(4) 交单:锁匙仓、半成品仓将各部门填写的入仓单原始凭据送交财务。

(5) 对账:月底仓管员要对所有产品进行分类堆放整理,先自盘提交财务盘点单,后由财务复核数量是否相符。

3. 产成品采购入库单(用于成品仓)

(1) 办理入库依据:依据委外装配采购订单、供应商送货单办理采购入库。

(2) 入库:委外装配采购订单、供应商送货单分别由收发员、交货人员按产成品入库流程办理,未签字、未详细写清楚,不能收发货,财务判定为无效单据。

(3) 填写:委外装配采购订单、供应商送货单各项应规范填写,单据上所涉及的内容必须填写。

(4) 交单:成品仓将委外装配采购订单、供应商送货单、采购入库单送交财务。

(5) 对账:月底仓管员要对所有产品进行分类堆放整理,先自盘提交财务盘点单,后由财务复核数量是否相符。

4. 产成品入库单(用于成品仓)

(1) 办理入库:自制产成品凭装配车间入库单。

(2) 填写:装配车间入库单各项应规范填写,单据上所涉及的内容必须填写。

(3) 交单：自制产成品将装配车间入库单、产成品入库单送交财务。

(二) 出库业务

1. 材料出库单(用于原材料仓、工具仓、纸箱仓)

(1) 办理出库依据：① 低值易耗品、配件及办公用品：由领用部门填写领料单(申购单)，部门主管审批后，仓管员根据领料单发料，统计员录入材料出库单，不填写领料单(申购单)或没有审批的单据，仓管员不能发料，财务视为无效单据；② 锌合金：压铸车间填写材料领用单，经领料人签字、仓管员签字，确认发料，统计员根据领料单录入材料出库单。

(2) (电镀、压铸、机加工、抛光、压胶、打码、入折窜圈)委外加工：原材料领出去加工时凭生产计划及出仓单录入供应商其他入库单，供应商其他入库单需委外加工商签字，加工回来时凭供应商送货单录入供应商其他出库单，供应商其他出库单需收发员签字，统计员根据送货单录入采购订单，所有单据均需相关人员签字确认才视为有效凭据。

(3) (装配)委外加工：原材料领出时仓库统计员根据计划单录入材料出库单，计划部根据委外装配计划单录入委外装配采购订单。

(4) 交单：收发统计员将外加工的供应商送货单、采购订单、领料单(申购单)、材料出库单送交财务。

2. 材料出库单(用于半成品仓、锁匙仓)

(1) 办理出库依据：车间凭半成品出库单、委外加工生产计划单发货。

(2) 交单：统计员将半成品出库单、委外装配采购订单、委外加工生产计划单送交财务。

(3) 装配车间凭生产计划单领用材料，统计员录入材料出库单，材料出库单需经领料人、收发员签字，材料名称、规格、颜色、单位、数量填写清楚才视为有效单据。

(4) (装配)委外加工：收发员根据委外装配计划单配套发料，统计员录入材料出库单，收发员需在材料出库单上签字才视为有效单据，计划部根据委外装配计划单录入委外装配采购订单，委外加工商需在采购订单上签字确认才视为有效单据。

(5) 对账：月底仓管员要对所有产品进行分类堆放整理，先自盘提交财务盘点单，后由财务复核数量是否相符。

3. 销售出库单(用于成品仓)

(1) 由业务部根据客户合同要求录入销售订单，根据发货情况引用订单生成销售发货单并审核销售出库单。

(2) 交单：成品仓管员将销售发货单送交财务。

(3) 销售发货单必须客户、送货司机签字，否则视为无效单据。

(4) 对账：月底仓管员要对所有产品进行分类堆放整理，先自盘提交财务盘点单，后由财务复核数量是否相符。

四、配件的存放和管理

1. 汽车配件的储存

1) 汽车配件的储存条件

根据汽车配件不同的材料、结构形态和质量以及技术性能等方面的要求，应区别具体情况，提出不同的储存条件，大致有下述各条：

(1) 所有汽车配件应储存在仓库或有遮盖的干燥场地内，应无有害气体侵蚀和影响，且应通风良好，不得与化学药品、酸碱物资一同存放。

(2) 储存的仓库应保持相对湿度不超过75%，温度在20～30 ℃范围内。对于橡胶制品，特别是人补胶则应在能保持环境温度不超过25 ℃的专仓内储存，以防老化，保证安全。

(3) 对于电器配件、橡胶制品配件、玻璃制品配件，由于这些配件自重小，属轻抛物资，不能碰撞和重压，否则将促使这些配件的工作性能失准、变形或破碎，故应设立专仓储存，而且在堆垛时应十分注意配件的安全。

(4)对于发动机总成的储存期，如超过半年，则必须进行维护；一种办法是将火花塞(汽油机)或喷油器(柴油机)自气缸盖上拆下，螺孔中注入车用机油少许，以保持气缸中摩擦副零件有良好的润滑油膜，防止长期缺油生锈。如超过1年，除应作上述维护外，还应在气缸中加入机油后，再用蓄电池启动启动机带动曲轴旋转数秒钟，使润滑油膜在活塞行程的气缸壁上涂敷得更彻底和均匀，然后旋上火花塞或喷油器。

(5) 对于蓄电池的储存，更应防止重叠过多和碰撞，防止电极及盖因重压受损，而且应注意电解液塞的密封，防止潮湿空气侵入。至于极板的储存，则应保持仓间干燥，储存期一般规定为6个月，必须严格控制。

(6) 对于像软木纸、毛毡制油封及丝绒或呢制门窗嵌条一类超过储存期半年以上的配件，除应注意保持储存场地干燥外，在毛毡油封或呢槽的包装箱内，应放置樟脑丸，以防止霉变及虫蛀。

2) 汽车配件储存的相应措施

为了达到以上储存安全，不使配件在储存过程中发生霉坏变质、失准、破碎等损失，必须采取有如下述的相应措施。

(1) 配件入库，必须加强验收。配件入库验收的主要方面，除品名、规格、单位、数量应核对无误外，还应该注意配件在入库前是否有破损、缺件、生锈以及包装不良等情况存在；而且更应对包装物(木箱、纸盒、袋、纸)及油封防护情况等进行必要的抽查，应保证入库配件包装物的干燥、无酸碱和防护油脂及内包装的完整。

(2) 根据配件材料、结构、体型、重量、性能等不同特点，安排不同的仓间或仓位和采取不同的堆垛方法，确定合理的堆垛数量，以保证储存的安全。

(3) 必须控制仓间的温、湿度(20～30 ℃、相对湿度75%以下)，要注意和掌握自然温度变化的规律。如周期性的季节性变化，梅雨季节、台风季节的温湿度变化；以及非周期性变化，如日变化(一昼夜)、寒流、冰霜、高温等。因此控制和调节库房温、湿度是维护储存配件的重要措施之一。故在仓库内(仓库的中部)应设置温湿度表进行日常观察和记录，其高度按视平线设置在约1.5米处。另在库外的适宜地方的百叶窗箱内，也设置温湿度表，以便观察仓库内外温、湿度的变化和数值，采取相应的调节措施，如决定开启或关闭仓库的门窗和通风洞来控制自然空气的对流，也可用开、停仓间吸湿机或排气风扇(仓间上部)和造风风扇(仓间下部)等方法予以调节。

(4) 对于易吸潮生锈的配件，除应保持仓间地面干燥外，并应在配件堆垛的底层设置离地至少有15厘米空隙的架空垫板，使空气得以流通。必要时，还应在地面敷置少量生石灰或在堆垛的适当位置放置氯化钙、氯化锌等吸潮剂，这在梅雨季节或阴雨天气，当库内湿度很高而库外湿度更高，不宜进行通风散潮时很有必要。生石灰在使用后应及时移去或更新。如是硅胶吸潮剂，则在烘干或晒干后可重复使用，但在使用吸潮剂时，应将门窗和通风洞关闭才能有效。

(5) 储存配件的堆垛相互之间以及墙距之间，必须留有间距，墙距宽度一般规定为0.1～0.3米，垛距为0.5～1米，这必要的间距既保证储存配件的通风条件，也是配件保管收发工作中的安全通道。汽车配件的保管，是储存工作的一个中心环节。做好保管工作，不仅要求保管中配件的品名、规格、数量和动态账卡与实物保持完全相符，而且更应保证其使用质量不受损害。当发现有异状时，必须及时提出报告，以便采取维护措施，尽早和尽可能地挽回物资在保管期中的损失。因此，保管工作也是一门专门的知识。故必须熟悉和掌握汽车配件有关品名、规格、维修尺寸和制造材质、工艺要求、技术件能、防锈措施、包装条件等各方面的知识，以及熟悉和掌握仓位安排、堆垛方式、温度和湿度控制、收发卡和账卡等动态记录和单据流转等一系列的手续制度。这样，才能达到一名合格的保管员的标准。

2. 对汽车配件保管工作的要求

对汽车配件保管工作的要求，归纳起来大致有下述几点。

1）保护配件不受损害

(1) 做好仓间内外温、湿度日常变化记录，保持和调节好仓间温、湿度。注意防止靠近门窗储存的配件遭受天气突然变化中的雨水侵淋和阳光的曝晒。对容易吸潮配件应注意更换吸潮剂和防霉剂（樟脑丸等）。

(2) 针对不同配件的性能、数量、包装、体积形态和耐压情况，合理安排存放仓位，提高堆垛技术和选用合理的堆垛数量。对无特殊性能要求而体型方整的配件，一般可采用重叠式或咬缝式堆垛；易变形和怕压或包装物强度较差的配件，则应考虑堆垛高度、数量，严禁重压。同时也应注意做到堆垛排脚紧密，货垛稳固，垛形整齐，尽量提高仓容利用率。

(3) 对堆垛要正确地留出四距：即墙距、柱距（0.1米）、顶距、照明灯距，力求贯彻安全、方便、节约仓容的原则。

(4) 每天在上下班时，应对仓间安全进行检查。下雨、刮风、潮汛前后要检查门窗、渗漏。采取富水、苫盖等防范措施，防止配件受潮，保持仓间清洁。

(5) 随时做好收发货装卸机械、起重设备等的安全检查和报修，保持设备机械的完好。对配件的装卸搬运，必须轻搬轻放，做到商品不坏，包装不损。

(6) 注意配件进出仓动态。对呆滞配件尤应注意储存质量的检查，如发现异状（霉变生锈等）应及时填报异状报告，通知有关部门进行处理。

2）防止差错和保证账物相符

(1) 商品入库，必须严格核对，合理安排仓位，桩脚要稳当，堆垛要分层标量，分极要立分卡，移仓要做记录，零星桩脚要勤翻勤并，配件货位编号要在账卡上详细标注。

(2) 货贴必须随出随销，动态商品要当天轧平，并定期进行仓库动态配件的盘点，做到卡货经常相符。

(3) 熟悉配件的名称、规格、结构特点，正确折算商品体积和尺码、吨位和仓间可用面积，并能经常反映业务动态和仓容利用率。

(4) 熟悉单据流转程序，严格遵守操作制度，保证内部单证、货卡、报表的正确和完整。发现差错和失误，应及时报告或纠正，经常做到账实相符。

五、典型配件的管理方法

1. 减震器

减震器在车上是承受垂直载荷的，若长时间水平旋转会使减震器失效，因此存放减震器时要将其竖直放置。水平放置的减震器在装上汽车之前要在垂直方向上进行几次手动抽吸。

2. 塑料油箱

为减轻整车装备质量，越来越多的车型采用塑料油箱。塑料油箱在存放过程中有两个方面值得注意:第一是因为塑料易变形,应将有塑料螺纹的安装孔(例如燃油浮子的安装孔)的塑料盖子盖上并拧好,防止塑料油箱长时间存放发生变形后盖子拧不上或者拧上后密封不好而发生燃油泄漏事故;第二是所有孔中都得盖上防尘盖,以防灰尘杂质进入油箱。因为塑料油箱上没有放油螺塞,一旦带有灰尘杂质的油箱装上车后,如要将杂质排出来,只有将油箱拆下来才能清洗。

3. 爆震传感器

爆震传感器受到重击或从高处跌落后就会损坏,为防止取放配件时失手跌落而损坏爆震传感器,这种配件不应放在货架或货柜的上层,而应放在底层,且应分格存放,每格一个,下面还要铺上海绵等软物。

4. 不能沾油的零件

(1) 轮胎、水管接头、三角皮带等橡胶制品怕沾柴油、黄油、机油,尤其怕沾汽油。若经常与这些油接触,会使零件很快老化,质地膨胀,加速损坏。

(2) 干式纸质空气滤清器滤芯不能沾油。否则尘砂黏附在上面会将滤心糊住,增大气缸进气阻力,使气缸充气不足,影响发动机功率的发挥。

(3) 发电机、电启动机的炭刷和转子若沾有黄油、机油,会造成电路断路,使之工作不能正常甚至汽车不能启动。风扇皮带、发电机皮带若沾上油,就会引起打滑,影响冷却和发电。

(4) 干式离合器的各个摩擦片应保持清洁干燥,若沾油就会打滑。同样,制动器的制动蹄片如沾上油,则会影响制动效果。散热器沾上机油、黄油后,尘砂黏附在上不易脱落,会影响散热效果。

7.3 汽车配件仓储安全管理

【1·2哈尔滨仓库火灾事故】2015年1月2日13时14分,位于哈尔滨市的北方南勋陶瓷大市场的三层仓库起火,过火面积1.1万平方米。火灾扑救过程中,起火建筑多次坍塌,坍塌面积3000平方米,造成5名消防员遇难、14人受伤。

【8·12天津滨海新区爆炸事故】2015年8月12日23:30左右,位于天津市滨海新区天津港的瑞海公司危险品仓库发生火灾爆炸事故,造成165人遇难(其中参与救援处置的公安现役消防人员24人、天津港消防人员75人、公安民警11人,事故企业、周边企业员工和居民55人)、8人失踪(其中天津消防人员5人,周边企业员工、天津港消防人员家属3人),798人受伤(伤情重及较重的伤员58人、轻伤员740人),304幢建筑物、12 428辆商品汽车、7533个集装箱受损。截至2015年12月10日,依据相关标准和规定统计,已核定的直接经济损失68.66亿元。经认定,该事故是一起特别重大的安全生产责任事故。由此可见,汽车配件的安全管理实施十分重要。

一、汽车配件的消防工作

1. 火灾的原因

火灾是失去控制并造成损失的燃烧现象。

(1) 燃烧的三个必要条件,如图7-2所示。

防火:防止三个条件同时作用。

灭火：消灭三个条件。

(2) 火源：引起燃烧的关键。

直接火源：明火、电火花、雷击等。

间接火源：加热或摩擦等起火、化学反应引起燃烧、自燃起火等。

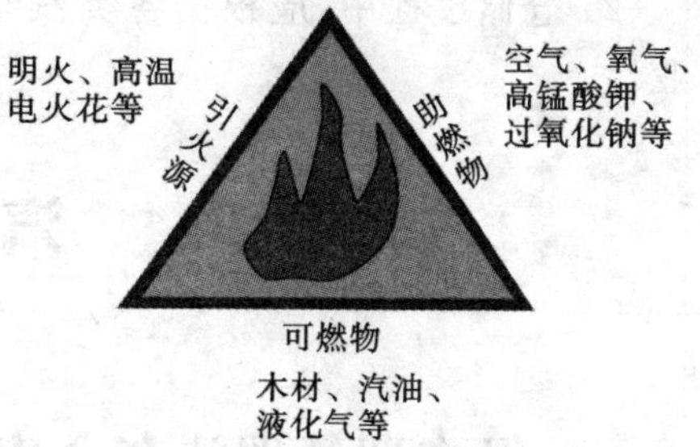

图 7-2 燃烧的三个必要条件

2. 防火

(1) 领导高度重视仓库安全工作。

(2) 广泛、深入地宣传火灾的危害性，提高防火自觉性。

(3) 确定防火责任人和岗位防火责任制。把防火工作落实到处，使其制度化、经常化。

3. 灭火

灭火方法有以下几种。一是隔离法，就是使燃烧物质与周围可燃物质隔开，使燃烧因无可燃物而停止。二是窒息法，就是阻止空气进入燃烧区，使燃烧物质因得不到足够的氧气而熄灭，如用化学泡沫灭火剂扑灭油类火灾。三是冷却法，就是使燃烧物质温度下降到燃烧点以下，燃烧也就停止了，如用水灭火就是这个道理。

汽车配件仓库常用的消防器材：灭火器、给水装置、简易工具及消防信号等，如图 7-3 所示。

图 7-3 汽车配件仓库常用的消防器材

二、汽车配件的防盗和防腐防锈

1. 汽车配件的防盗

(1) 加强汽车配件的防盗意识。

(2) 制定并遵守本企业的汽车配件防盗制度。

(3) 定期对库存汽车配件进行盘存。

(4) 配备安装必要的防盗设施，如防盗门、防盗网、保险柜、红外线报警器等。同时，应经常安排值班人员巡逻。

2. 汽车配件的防腐防锈

(1) 仓储之前，应对汽车配件进行防锈处理。

(2) 仓储过程中,应根据各类汽车配件的自然磨损特点,有针对性地定期进行仓储保养作业。

7.4 汽车配件储备量的确定

一、保本期管理法在仓库管理中的应用

1. 保本期和保本量的计算方法

(1) 保本期的计算方法

$$保本天数=[(1+加成率)(1-管理费用率-利前税率)-1]/日息率$$

(2) 保本量的计算方法

$$保本量=\frac{预测期销售数量}{预测期天数}\times 保本期天数$$

2. 保本期的操作程序

① 收到商品发票和记收单据后,由物价员测定该商品加成率,用保本量公式算出保本期天数。合同员在入库单上填上保本期界限日。

② 商品放进仓库后,保管员在填制商品保管卡片时,同时注明保本期界限日。当出现超保本期商品时,在保管卡片上印上显著标志,以示警告。

③ 营业员收到商品入库单后,要按照单上的保本期界限日记在营业账或商品账上。当出现超保本期商品时,向主管业务部门或经理反馈。按保本期的要求,应当随时发生,随时反馈。

④ 如果前批进货尚未销完,一般不应当再进货。若前批商品剩余数量较少时,可视同后一批一卡保管,但是要先进先出。若前批商品剩余数量较多时,要分卡保管,对新进的商品执行新的保本期界限日。

⑤ 业务部门和经理收到反馈单后,要立即组织有关人员认真分析造成超保本期的原因,制定措施,堵塞漏洞,抓紧处理,把问题消灭在萌芽状态。

3. 商品保本期管理法的作用

① 利用库存商品保本期管理法显示出了"灵活"性,"灵"就是能把住进货关,防止"病从口入";"活"就是能及时发现问题,及时调整结构,加速商品资金流转。

② 应用商品保本期管理法可以发动全体员工参与经营管理。商品进来后,各环节按保本期界限日进行监督。保管员发现了,提出警告,营业员发现了,给予反馈,问题提出来后,领导就必须研究解决,加强各个环节员工的责任感。

③ 应用商品保本期管理法增强了员工的时间价值观念,进、销、存都要考虑到保本期,以减少费用、提高经济效益。

二、汽车配件合理储备量的确定

1. 合理储备量的概念

所谓合理储备量,应包括两个方面的内容:库存储备的总金额趋于合理;单一品种储备量与市场需求大致接近,即按车型、品种的库存结构要合理。

2. 合理储备量的确定

$$W=qg/f$$

式中：W——库存储备金额(元)；

q——单车年供应平均水平(元/辆)；

g——供应的车辆总数(辆)；

f——要达到的资金周转指标(次/年)。

设 i 为任意一种车型，则

$$W=\sum\frac{q_i g_i}{f_i}=\frac{q_1 g_1}{f_1}+\frac{q_2 g_2}{f_2}+\frac{q_3 g_3}{f_3}+\cdots+\frac{q_n g_n}{f_n}$$

如表 7-1 所示，企业库存合理储备总额等于其所供应的各种车型应储备的平均金额之和。

表 7-1 计算库存储备金额

车型 项目	桑塔纳	CA1091	EQ1091	BJ1022	BJ2020N
供应车辆数(辆)	1802	2215	325	500	219
单车供应平均水平(元/辆)	934	273	123	874	140
资金周转指标(次/年)	1.6	1.2	1.2	1.5	1.2

则 $W=\left(\frac{934\times1802}{1.6}+\frac{273\times2215}{1.2}+\frac{123\times325}{1.2}+\frac{874\times500}{1.5}+\frac{140\times219}{1.2}\right)$ 元 $=1\ 906\ 025.8$ 元

单一品种合理储备量的确定：

$$W=\overline{m}(1+k)/f$$

式中：W——单一品种储备数；

M——单一品种历史销售平均数；

f——该品种应达到的库存周转次数；

k——该品种因各种因素而变化，所取的储备量增减系数，为百分数。

7.5 汽车配件的盘存

盘存：指企业、事业、行政机关等单位对其实物、现金进行实地盘点和对银行存款、往来款项进行查对，以确定各项财产的实存数，查明账实是否相符的一种会计管理手段。又称财产清查。

汽车配件的盘存：配件仓库定期对汽车配件的数量进行核对，清点实存数，查对账面，并查明有无变质、失效、残损、销售呆滞等情况。

一、盘存内容

(1) 盘点数量。对计件汽车配件，应全部清点，对货垛层次不清的汽车配件，应进行必要的翻垛整理，逐批盘点。

(2) 盘点重量。对计重汽车配件，可会同业务部门据实逐批抽件过秤。

(3) 核对账与货。根据盘存汽车配件实数来核对汽车配件保管账所列结存数，逐笔核对。

(4) 账与账核对。仓库汽车配件保管账应定期，或在必要时与业务部门的汽车配件账核对。

二、盘存方法

(1) 日常盘点。不定期,是一种局部性的盘点。一是动态复核,二是巡回复核。

(2) 定期盘点。一般在月末、季末、年末进行。盘存时,按批清点库存数量,以实存数对卡、对账,核完做出已盘标记。

(3) 重点盘点。根据工作需要,为某种特定目的而对仓库物资进行的盘点和检查。

三、盘存结果及处理

(1) 储耗。凡在合理储耗标准以内的,由保管员填报“合理储耗单”,经批准后,即可转财务部门核销。

(2) 盈亏和调整。发生盘盈或盘亏时,应查明原因,明确责任。填制“库存物资盘盈盘亏报告单”,审签后,按规定报经审批。

(3) 报废和削价。需要削价处理的,经技术鉴定,由保管员填制“物资削价报告单”,按规定报上级审批。

(4) 事故。被盗、火灾、水灾、地震等原因及仓库有关人员失职,使配件数量和质量受到损失的,应将事故向有关部门报告。

复习与思考

1. 保本期和保本量的计算方法是什么?
2. 盘存的内容是什么?
3. 入库作业的依据是什么?
4. 验收入库的程序是什么?
5. 简述汽车配件的储存条件和相应措施。

第 8 章 汽车物流与供应链管理

8

知识目标

（1）掌握汽车物流的特点、供应链的含义与模式。

（2）掌握汽车供应链管理的工作内容。

知识目标

（1）了解汽车物流与供应链管理的概念及基本内容。

（2）熟悉供应链管理的原则与作用。

【案例导入】

近几年来，中国的汽车第三方物流取得快速发展，兴起了一批专业的第三方物流公司，可以说，中国汽车物流已经进入理性快速发展时期。同时，国家政府对汽车零部件物流问题也高度关注，第三方汽车物流具有专业化、规模化和社会化的特点，是物流资源整合的主要承担者。在欧美发达国家和地区，以第三方物流供应商或者领头物流供应方身份加入汽车供应链已成为主流，80％以上的汽车制造商均将汽车物流外包。随着中国汽车产业的发展，汽车供应链的社会分工日趋专业化，特别是面临外资跨国物流集团的威胁，加快第三方汽车物流企业的发展，增强市场竞争力，既是整合汽车物流资源的有效途径，也是应对跨国物流集团挑战的有效途径之一。随着轿车进入家庭，汽车工业作为支柱产业的地位日渐明显，在汽车流通领域整合资源，发展现代物流与供应链已经到了刻不容缓的地步。

现代物流的另一个重要标志是充分运用高新技术，特别是电子信息及网络技术，通过在高效率的综合网络上自动采集、处理、存储、传输和交换，最后实现物流信息资源充分开发和普遍共享，以降低物流成本，提高物流效率。像条码与光电扫描识别设备、电子数据交换系统(EDI)、全球卫星定位系统(GPS)、智能交通管理系统(ITS)以及各种先进的运输与储存设备等都已经广泛应用于现代物流业中。高速增长的我国汽车工业刚刚开始触及现代物流与供应链管理的边缘，因此，对这方面的研究和实践是十分必要的。

8.1 概　　述

一、汽车物流的含义及特点

1. 汽车物流的含义

汽车物流是集现代运输、仓储、保管、搬运、包装、产品流通及物流信息于一体的综合性管理，是沟通原材料供应商、生产厂商、批发商、零售商、物流公司及最终用户的桥梁，是商品从生产到消费各个流通环节的有机结合。对汽车企业来说，汽车物流管理包括生产计划制定、采购订单下放及跟踪、物料清单维护、供应商的管理、运输管理、进出口管理、货物的接收、仓储管理、发料及在制品的管理和生产线的物料管理、整车的发运等。

汽车物流过程如图 8-1 所示，它包括采购物流(原材料的供应物流)、生产物流、销售物流和逆向物流。

2. 汽车物流的特点

汽车物流是最复杂的物流系统之一，它具有以下 4 个特点：

(1) 以汽车制造企业为核心，通过物流和信息流拉动供应商的原料供应，推动分销商的产品分销及客户服务。

(2) 汽车物流的重点在于整合与协调，尤其是实现供应与需求之间的相互协调。

(3) 实现物流配送的专业化。这就要求从事汽车物流的企业需要在拥有专业化物流理念的同时，对汽车制造的相关内容进行必要的了解。

(4) 利用计算机网络全面规划汽车供应链中的物流、商流、信息流、资金流，构建电子商务采购和销售平台，通过应用条码技术、EDI 技术、电子订货系统、POS 数据读取系统、GPS 全球定位系统等信息技术，做到能够及时有效地获取需求信息并及时响应，以满足顾客需求。

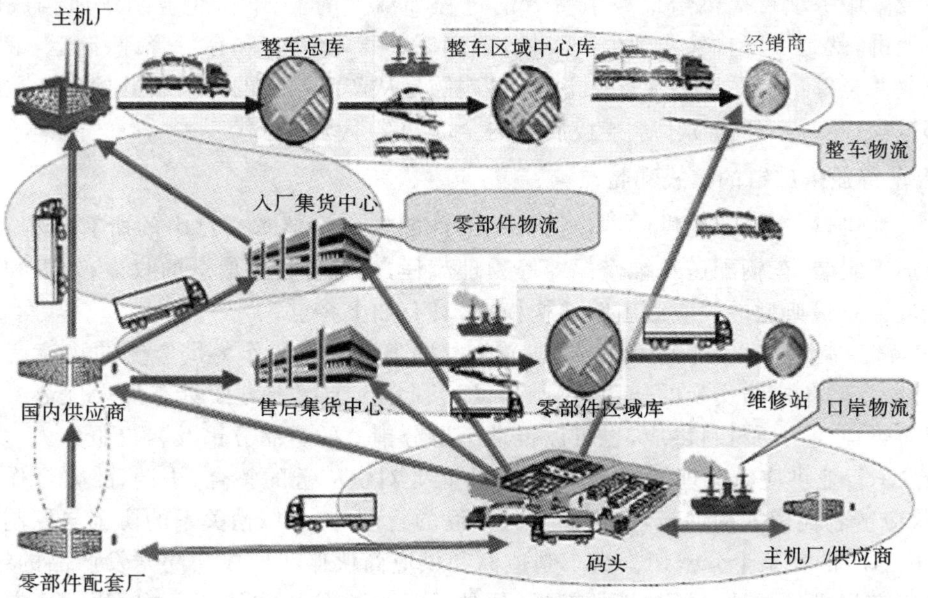

图 8-1 汽车物流过程图

3. 汽车物流模式

汽车物流的核心在于配送，要解决中国汽车厂商的困惑，我们必须发展适合我国国情的汽车物流配送。在我国汽车行业物流配送发展的过程中，汽车行业物流配送的主要模式有市场配送模式、合作配送模式和自营配送模式，其中市场配送模式是我国汽车行业的主流配送模式。

(1) 市场配送模式。所谓市场配送模式就是专业化物流配送中心和社会化配送中心，通过为一定市场范围的企业提供物流配送服务而获取盈利和自我发展的物流配送组织模式。具体又有两种情况：

① 公用配送，即面向所有企业。如：上海国际汽车物流(码头)有限公司借助日本邮船株式会社丰富的汽车运输管理和码头运作经验以及高新技术，加上上海汽车工业(集团)总公司的雄厚实力以及管理着世界上第四大集装箱港口的上海港务局的倾力支持，明确提出了要打造世界一流的现代化汽车物流企业，以满足飞速发展的中国汽车业需要，为中国汽车业提供卓越的物流服务。

② 合同配送，即通过签订合同，为一家或数家企业提供长期服务。这是中国汽车行业最广泛的一种物流配送模式。

(2) 合作配送模式。所谓合作配送模式是指若干企业由于共同的物流需求，在充分挖掘利用个企业现有物流资源基础上，联合创建配送组织模式。

(3) 自营配送模式。所谓自营配送模式是指生产企业和连锁经营企业创建完全是为本企业的生产经营提供配送服务的组织模式。选择自营配送模式的企业自身物流具有一定的规模，可以满足配送中心建设发展的需要。如：上汽集团自有的安吉物流，也具有一定的规模。但随着电子商务的发展，这种模式将会向其他模式转化。

二、汽车供应链的含义及模式

1. 汽车供应链的含义

所谓供应链，是指由提供产品与服务给客户的产业上、下游厂商所形成的系统。供应链，就是把产品或者服务项目提供给最终消费者的过程和活动的上、下游企业组织所构成的有关网络。具体地讲，就是从原料采购到生产安排，再到订单处理、库存和存货管理、储运，最后到销售和售后服务的全部过程。从某种意义上讲，供应链是从产品制造的原材料开始到产品最终消费者的全部过程，是一系列活动因素连接而成的全部网络系统的总代表。

2. 汽车行业供应链的模式和特点

从广义上讲，汽车产业的供应链包括从零部件的供应到整车交付中的所有流程，既包含运输、储存、加工组装、车辆配送及维修保养等物理流程，也包含相关信息的收集、处理和交换。汽车行业供应链是最典型的供应链组织结构模式，具有如下特点：

(1) 以汽车制造企业为供应链的核心企业。汽车制造企业作为供应链的物流调度与管理中心，担负着信息集成与交换的作用，在产品设计、制造、装配等方面具有强大优势。其不但可以拉动上游供应商的原材料供应，也可以推动下游分销商的产品分销及客户服务。

(2) 汽车行业供应链管理的重点在于：核心企业对供应链的整合、协调，战略合作伙伴关系的构建，供应链物流模式的创新，供应商与分销商的管理，产、供、销关系的协调与控制等。

(3) 供需间的关系十分密切。汽车制造商和供应商伙伴间形成共同开发产品的组织，持久合作。供应商提供具有技术挑战性的部件；伙伴成员共享信息和设计思想，共同决定零部件或产品以及重新定义能够使双方获益的服务。

(4) 物流配送功能的专业化。原材料及汽车零部件供应商、汽车制造商的物流配送体系与其主业剥离，社会化、专业化的物流体系逐步完善，以汽车物流为纽带整合供应链，第三方物流配送中心完成汽车供应链物流配送功能。

(5) 利用计算机网络技术全面规划汽车供应链中的物流、商流、信息流、资金流，构建电子商务采购和销售平台，通过应用条码技术、EDI技术、电子订货系统、POS数据读取系统等信息技术，做到供应链成员能够及时有效地获取需求信息并及时响应，以满足顾客需求。

汽车产业的供应链管理是汽车产业物资供应商、汽车装配生产商、包括第三物流供应方在内的汽车产业物流服务供应方、托运人、承运人和经纪人等各方面的一体化经营管理。供应链管理过程的效率和透明度，往往是汽车产业能否取得最终成功的关键所在。

目前风靡全球的“及时制”经营管理模式，早在20世纪60年代就已被日本丰田汽车公司所实施。它是把必要的汽车零部件，以必要的数量，在必要的时候，送到必要的生产线或者地点。这一切都是为了适应当时已经出现的汽车消费者多样化、个性化的要求而建立的一整套汽车产业制造体系和围绕该体系的物流供应链服务体系。因此所谓“及时制”实际上就是物流和供应链服务的物资配送新模式。由于“及时制”坚持多品种、准批量、短周期的汽车产业经营管理方式，避免了传统汽车产业的物资库存积压现象，以所谓“零库存”的模式让存货规模得以不断地“瘦身”，减少物流和供应链过程和领域里的浪费，从而大幅度地降低了汽车产业的整体生产成本，提高了经济效益和市场竞争力。

8.2 汽车供应链管理的内容

供应链管理的内容包括：供应商管理、采购管理、库存管理、配送管理、分销渠道管理和客户服务管理。

一、供应商管理

供应商是指为企业生产和科研单位研发提供原料、设备及其他资源的企业，供应商既可以是生产企业，也可以是流通企业。企业要保证正常的生产，科研要保证研究过程的不间断，就必须有一批可靠的供应商为其提供必需的物资供应，其重要地位由此可见。供应商管理的目的，就是要建立一个稳定可靠的供应商管理队伍，为最终客户提供高质量的 快捷服务保障。好的供应商是高质量的保证，卓越的供应商是组织的一项重要资产，将为购买其产品或服务的组织带来丰厚的回报。为了营造良好的供应商关系，克服传统的供应商关系观念，供应商管理便成为一项非常有价值的工作。具体意义如下：

1. 供应商管理有助于提高客户对需求和服务的满意度

目前，很多顾客与供应商之间仍然是相互对立而非合作伙伴关系，其交易过程仍是典型的非信息对称博弈过程。顾客作为委托人，构成博弈甲方；供应商作为代理人，构成博弈乙方，双方因利害冲突而博弈。在这样的博弈过程中，从经济学的角度看，存在着机会主义倾向。只有加强供应商管理，使采购方与合格的供应商建立合作伙伴关系，通过信息共享，才能达到低成本、高柔性的目标。

2. 供应商管理有助于提高供应商对客户需求反应的敏捷性

零库存管理、准时制生产、精益物流等逐渐占据生产领域、流通领域、管理领域，在这样的环境中，供应商对客户需求反应的敏捷性便成为考核当今供应商综合绩效的重要指标，这一指标将决定供应商能否在激烈的市场竞争中站稳脚跟。只有加强供应商管理，使采购方与供应商建立合作伙伴关系，才能提高供应商对客户需求反应的敏捷性。

3. 供应商管理有助于保证采购质量、降低采购成本

供应商产品的质量是客户生产质量和研发质量的组成部分，供应商的质量管理体系同时也就是客户的质量管理体系。另外，从成本角度考虑，供应商的成本一定程度上也是采购方的成本，供应商成本增加 ，势必最终将附加的成本转移到采购方手中，这是不言自明的“真理”。所以，加强供应商管理，选择合适的供应商，使供应商在竞争的环境中保持提高产品质量、合理降低成本的竞争状态，对保证采购质量、降低采购成本有积极的意义。

二、采购管理

采购供应链管理是以采购产品为基础，通过规范的定点、定价和订货流程，建立企业产品需求方和供应商之间的业务关系，并逐步优化，最终形成一个优秀的供应商群体，并通过招投标方式实现企业的采购，从而达到降低采购产品价格、提高采购产品质量和提高供应商服务质量的目的。企业采购供应链是企业供应链系统的重要组成部分，是企业提高质量、节约成本的关键。建立企业采购供应链系统，首先需要将涉及企业采购的各个环节纳入到整个系统中，保证采购过程中各个环节之间的信息畅通，提高工作效率。同时通过信息共享，合理地利用和分配资源，为企业带来最大的效益。

企业采购供应链系统通过标准和规范的业务流程，建立协配件的供应商、事业部之间的业务关系，并逐步优化，最终形成一个优秀的供应商群体，在保证公司协作产品集中采购任务顺利完成的同时，达到规范采购过程、优化供应商群体、共享采购信息、监督采购过程、降低采购成本、提高采购信息化水平、完成任务分工与业绩考核和与供应商共赢的目标。建立采购供应链管理系统最大的困难莫过于业务流程的改变，企业需要将自己原有的业务迁移至网络上。这往往涉及经营观念、人事管理、业务处理过程和工作流的重新定义等。主要是管理理念方面的问题。

从业务角度来看，企业采购供应链系统一般包括三个流程，即新产品定点流程、产品定价流程和产品订货流程；三个管理，即采购产品信息管理、产品需方管理和供应商管理；三个接口，即MRPII/ERP系统接口、PMD系统接口和财务系统接口；决策分析系统包括综合查询和系统维护。故企业采购供应链管理的具体任务为：建立采购产品信息库；建立供应商信息库；明确新产品定点流程，即明确产品定价流程，即如何通过招投标方式实现产品竞价；明确产品订货流程；如何向供应商下订单，并对产品的实际价格进行监督；建立PSCM与ERP、财务、MRPII等系统的接口。

三、库存管理

1. 供应链库存管理的特点

供应链库存管理的特点供应链库存管理的目标服从于整条供应链的目标，通过对整条供应链上的库存进行计划、组织、控制和协调，将各阶段库存控制在最小限度，从而削减库存管理成本，减少资源闲置与浪费，使供应链上的整体库存成本降至最低。与传统库存管理相比，供应链库存管理不再是作为维持生产和销售的措施，而是作为一种供应链的平衡机制。通过供应链管理，消除企业管理中的薄弱环节，实现供应链的总体平衡。供应链管理理论是对现代管理思想的发展，其特点主要表现为：

1）管理集成化

供应链管理将供应链上的所有节点看成一个有机的整体，以供应链流程为基础，物流、信息流、价值流、资金流、工作流贯穿于供应链的全过程。因此，供应链管理是一种集成化管理。

2）资源范围扩大

传统库存管理模式下，管理者只需考虑企业内部资源的有效利用。供应链管理模式导入后，企业资源管理的范围扩大，要求管理者将整条供应链上各节点企业的资源全部纳入考虑范围，使供应链上的资源得到最佳利用。

3）企业间关系伙伴化

供应链管理以最终客户为中心，将改善客户服务质量、实现客户满意与促进客户成功作为管理的出发点，并贯穿于供应链管理的全过程。由于企业主动关注整条供应链的管理，供应链上各成员企业间的伙伴关系得到加强，企业间由原先的竞争关系转变为“双赢”关系。供应链的形成使供应链上各企业间建立起战略合作关系，通过对市场的快速反应，共同致力于供应链总体库存的降低。因此，库存管理不再是保证企业正常生产经营的措施，而是使供应链管理平衡的机制。

供应链整体运作成本的最小化是供应链成本控制的最终目标。鉴于供应链库存成本占供应链总成本的比例多达30%，有效地管理供应链中节点企业的库存具有非常重要的意义。因此计划和协调管理供应链中的库存就成为最小化库存成本的重要手段。

2. 现有供应链中库存管理的四种模式

根据供应链中库存管理主体及内涵的不同，主要存在以下四种模式：

1）传统库存管理模式

在这种库存管理模式下，供应链上各节点企业的库存管理是割裂的、各自为政的。供应链上的每一个节点，企业都拥有自己的库存并各自管理自有库存，都有自己的库存控制策略和库存管理模式，而且相互封闭。供应链中传统库存管理模式是基于交易层次之上的由订单驱动的静态单级管理库存的方式。各个节点企业确定库存持有量的依据仅仅是其下游企业的订货单，各个企业之间并无沟通协调机制，仅根据订单来决策库存的持有量，信息的获取渠道狭小且不充分。各个节点企业都为实现本企业库存管理最优而努力，因此很容易产生牛鞭效应。使需求变异扩大，造成企业成本的增加。

2）供应商管理库存模式

供应商管理库存模式是一种供应商和其下游节点企业之间在充分沟通协调的基础上具有合作性的库存管理策略。首先供应链上各节点企业要达成一个共同的协议框架。这个协议框架对合作双方来说库存管理成本都是最低的，在这个协议下将库存的管理权和控制权交给供应商。这个共同协议是双方合作的基础，而变化的内外部环境会导致共同协议出现这样或那样的不足和问题，因此这个共同协议要被经常监督和修正，以使它不断适应新的变化的环境。共同协议的执行要被严格的监督，再完善科学的协议没有认真地执行，双方的合作都将无法进行下去。供应商管理库存模式是一种代理决策模式，其基础是整条供应链协商合作，最终目标是合作双方都获得最低库存管理成本。供应商管理库存模式是一种战略贸易伙伴之间的合作性策略，是一种库存决策代理模式。

3）联合库存管理模式

联合库存管理模式是一种在供应商管理库存模式的基础上发展而来的新型库存管理模式，它改变了供应商库存管理模式下供应商握有库存管理权的情况，实现了上游企业和下游企业的权利、责任平衡和风险共担。联合库存管理模式体现了战略供应商联盟的新型企业合作关系，强调了供应链企业之间双方的互利合作关系。联合库存管理强调的是供应链中各个节点企业同时参与，共同制定库存计划和策略，使供应链中的每个库存管理者都从相互之间的协调性考虑，保持供应链各个节点之间的库存管理者对需求的预期保持一致，从而消除需求变异放大现象。任何相邻节点需求的确定都是供需双方协调的结果，库存管理不再是各自为政的独立运作过程，而是供需连接的纽带和协调中心。

4）协同式供应链库存管理模式

协同式供应链库存管理模式是一种协同式的供应链库存管理技术，建立在联合库存管理模式和供应商管理库存模式的最佳分级实践基础之上，同时抛弃了两者缺乏供应链集成等主要缺点，能同时降低分销商的存货量，增加供应商的销售量。它应用一系列处理过程和技术模型，粗盖整个供应链合作过程，通过共同管理业务过程和共享信息来改善分销商和供应商的伙伴关系。提高预测的准确度，最终达到提高供应链效率、降低库存和提高客户满意度的目的。协同式供应链库存管理模式的最大优势是能及时、准确地预测由各项促销措施或异常变化带来的销售高峰和波动，从而使分销商和供应商都做好充分的准备，赢得主动。协同式供应链库存管理模式采取了多赢的原则，始终从全局的观点出发，制定统一的管理目标以及实施方案，以库存管理为核心，兼顾供应链上其他方面的管理。因此，协同式供应链库存管理模式更有利于实现伙伴间更广泛深入的合作，帮助制定面向客户的合作框架、基于销售报告的生产计划，进而消除供应链过程约束等。

3. 供应链库存管理模型

1）VMI（供应商管理库存）

零售商有自己的库存，批发商有自己的库存，供应商也有自己的库存，供应链各个环节都有自己的库存控制策略。由于各自的库存控制策略不同且相互封闭，因此不可避免地产生需求的扭曲现象，从而导致需求变异放大，无法使供应商准确了解下游客户的需求。供应商管理库存

(vendor managed inventory,VMI)这种库存管理策略打破了传统的各自为政的库存管理模式，体现了供应链的集成化管理思想，适应市场变化的要求，是一种新的有代表性的库存管理思想。

VMI 策略的关键措施主要体现在如下几个原则中：

(1) 合作精神。在实施该策略中，相互信任与信息透明是很重要的，供应商和客户(零售商)都要有较好的合作精神，才能够相互保持较好的合作。

(2) 双方成本最小。VMI 不是关于成本如何分配或谁来支付的问题，而是通过该策略的实施减少整个供应链上的库存成本，使双方都能获益。

(3) 目标一致性原则。双方都明白各自的责任，观念上达成一致的目标。如库存放在哪里，什么时候支付，是否要管理费，要花费多少等问题都通过双方达成一致。

(4) 连续改进原则。供需双方共同努力，逐渐消除浪费。

2) JMI(联合库存管理)

联合库存管理的思想可以从分销中心的联合库存功能谈起。地区分销中心体现了一种简单的联合库存管理的思想。采用分销中心后的销售方式，各个销售商只需要少量的库存，大量的库存由地区分销中心储备，也就是各个销售商把其库存的一部分交给地区分销中心负责，从而减轻了各个销售商的库存压力。分销中心就起到了联合库存管理的功能。

从分销中心的功能得到启发，对现有的供应链库存管理模式进行新的拓展和重构，提出联合库存管理新模式——基于协调中心的联合库存管理系统。

VMI 是一种供应链集成化运作的决策代理模式，它把客户的库存决策权代理给供应商，由供应商代理分销商或批发商行使库存决策的权力。JMI 是一种风险分担的库存管理模式。风险分担表明如果把各地的需求集合起来处理，可以降低需求的变动性，因而当把不同地点的需求汇集起来，一个顾客的高需求很可能被另一个顾客的低需求所抵消。需求变动性的降低能够降低安全库存。

3) CPFR(协同规划、预测与补给)

通过对 VMI 和 JMI 两种模式的分析可得出：VMI 就是以系统的、集成的管理思想进行库存管理，使供应链系统能够获得同步化的优化运行。通过几年的实施，VMI 和 JMI 被证明是比较先进的库存管理办法，但 VMI 和 JMI 也有以下缺点：① 决策数据不准确，决策失误较多；② 财务计划在销售和生产预测之前完成，风险较大；③ 供应链没有实现真正的集成，使得库存水平较高，订单落实速度慢；④ 促销和库存补给项目没有协调起来；⑤ 当发现供应出现问题(如产品短缺)时，留给供应商进行解决的时间非常有限。另外，VMI 是单行的过程，决策过程中缺乏协商，难免造成失误；且 VMI 过度地以客户为中心，使得供应链的建立和维护费用都很高。

随着现代科学技术和管理技术的不断提升，VMI 和 JMI 中出现的种种弊端也得到改进，提出了新的供应链库存管理技术，CPFR(协同规划、预测与补给)。CPFR 有效地解决了 VMI 和 JMI 的不足，成为现代库存管理新技术。

CPFR 主要体现了以下思想。

(1) 合作伙伴构成的框架及其运行规则主要基于消费者的需求和整个价值链的增值。

(2) 供应链上企业的生产计划基于同一销售预测报告。销售商和制造商对市场有不同的认识，在不泄露各自商业机密的前提下，销售商和制造商可交换他们的信息和数据，来改善他们的市场预测能力，使最终的预测报告更为准确、可信。供应链上的各公司则根据这个预测报告来制定各自的生产计划，从而使供应链的管理得到集成。

(3) 消除供应过程的约束限制。这个限制主要就是企业的生产柔性不够。一般来说，销售商的订单所规定的交货日期比制造商生产这些产品的时间要短。在这种情况下，制造商不得不保持一定的产品库存，但是如果能延长订单周期，使之与制造商的生产周期相一致，那么生产商就可真正做到按订单生产及零库存管理。这样制造商就可减少甚至去掉库存，大大提高企业的经济效益。随着经济的发展、社会的进步，供应链也得到更进一步的发展，原有的库存管理模式也逐渐显示出其缺点和不足。在充分认识原有库存管理技术弊端的同时，有针对性地提出相关的改进措施，不断完善和改进供应链中的库存管理技术。CPFR 模式弥补了 VMI 和 JMI 的不足，成为新的库存管理技术。当然 CPFR 模式也不是任何场所都可以使用的，它的建立和运行离不开现代信息技术的支持。CPFR 信息应用系统的形式有多种，但应遵循以下设计原则：现行的信息标准尽量不变，信息系统尽量做到具有可缩放性、开放性、容错性、鲁棒性，安全，易管理和维护。

四、配送管理

1. 配送管理的含义

配送是物流中一种特殊的、综合的活动形式，是商流与物流紧密结合，包含了商流活动和物流活动，也包含了物流中若干功能要素的一种形式。

从物流来讲，配送几乎包括了所有的物流功能要素，是物流的一个缩影或在某小范围中物流全部活动的体现。一般的配送集装卸、包装、保管、运输于一身，通过这一系列活动完成将货物送达的目的。特殊的配送则还要以加工活动为支撑，所以包括的方面更广。但是，配送的主体活动与一般物流却有不同，一般物流是运输及保管，而配送则是运输及分拣配货，分拣配货是配送的独特要求，也是配送中有特点的活动，以送货为目的的运输则是最后实现配送的主要手段，从这一主要手段出发，常常将配送简化地看成运输中的一种。

从商流来讲，配送和物流不同之处在于，物流是商物分离的产物而配送则是商物合一的产物，配送本身就是一种商业形式。虽然配送具体实施时，也有以商物分离形式实现的，但从配送的发展趋势看，商流与物流越来越紧密的结合，是配送成功的重要保障。可以从两个方面认识配送的概念：

第一种，从经济学资源配置的角度，对配送在社会再生产过程中的位置和配送的本质行为予以表述。

配送是以现代送货形式实现资源的最终配置的经济活动。这个概念的内涵，概括了四点：

(1) 配送是资源配置的一部分，根据经济学家的理论认识，因而是经济体制的一种形式。

(2) 配送的资源配置作用，是“最终配置”，因而是接近顾客的配置。接近顾客是经营战略至关重要的内容。美国兰德公司对《幸福》杂志所列的 500 家大公司的一项调查表明“经营战略和接近顾客至关重要”，证明了这种配置方式的重要性。

(3) 配送的主要经济活动是送货，这里面强调现代送货，表述了和我国旧式送货的区别，其区别以“现代”两字概括，即现代生产力、劳动手段支撑的，依靠科技进步的，实现“配”和“送”有机结合的一种方式。

(4) 配送在社会再生产过程中的位置，是处于接近用户的那一段流通领域，因而有其局限性，配送是一种重要的方式，有其战略价值，但是它并不能解决流通领域的所有问题。

第二种，从配送的实施形态角度，表述如下。

配送是按用户订货要求，在配送中心或其他物流结点进行货物配备，并以最合理方式送交用户的特殊送货形式。

这个概念的内容概括为六点：

(1) 整个概念描述了接近用户资源配置的全过程。

(2) 配送实质是送货。配送是一种送货,但和一般送货有区别:一般送货可以是一种偶然的行为,而配送却是一种固定的形态,甚至是一种有确定组织、确定渠道,有一套装备和管理力量、技术力量,有一套制度的体制形式。所以,配送是高水平送货形式。

(3) 配送是一种“中转”形式。配送是从物流结点至用户的一种特殊送货形式。从送货功能看,其特殊性表现为:从事送货的是专职流通企业,而不是生产企业;配送是“中转”型送货,而一般送货尤其从工厂至用户的送货往往是直达型;一般送货是生产什么、有什么就送什么,配送则是企业需要什么送什么。所以,要做到需要什么送什么,就必须在一定中转环节筹集这种需要,从而使配送必然以中转形式出现。当然,广义上,许多人也将非中转型送货纳入配送范围,将配送外延从中转扩大到非中转,仅以“送”为标志来划分配送外延,也是有一定道理的。

(4) 配送是“配”和“送”有机结合的形式。配送与一般送货的重要区别在于,配送利用有效的分拣、配货等理货工作,使送货达到一定的规模,以利用规模优势取得较低的送货成本。如果不进行分拣、配货,有一件运一件,需要一点送一点,这就会大大增加动力的消耗,使送货并不优于取货。所以,追求整个配送的优势,分拣、配货等项工作是必不可少的。

(5) 配送以用户要求为出发点。在定义中强调“按用户的订货要求”明确了用户的主导地位。配送是从用户利益出发、按用户要求进行的一种活动,因此,在观念上必须明确“用户第一”“质量第一”,配送企业的地位是服务地位而不是主导地位,因此不能从本企业利益出发而应从用户利益出发,在满足用户利益基础上取得本企业的利益。更重要的是,不能利用配送损伤或控制用户,不能利用配送作为部门分割、行业分割、割据市场的手段。

(6) 概念中“以最合理方式”的提法是基于这样一种考虑:过分强调“按用户要求”是不妥的,用户要求受用户本身的局限,有时实际会损失自我或双方的利益。对于配送者来讲,必须以“要求”为据,但是不能盲目,应该追求合理性,进而指导用户,实现共同受益的商业原则。

2. 配送的构成要素

1) 集货

集货是将分散的或小批量的物品集中起来,以便进行运输、配送的作业。

2) 分拣

分拣是将物品按品种、出入库先后顺序进行分门别类堆放的作业。

3) 配货

配货,就是使用各种拣选设备和传输装置,将存放的物品,按客户要求分拣出来,配备齐全,送入指定发货地点。

4) 配装

配装是集中不同客户的配送货物,进行搭配装载以充分利用运能、运力。

5) 配送运输

配送运输是较短距离、较小规模,频度较高的运输形式,一般使用汽车做运输工具。配送运输的路线选择问题是技术难点。

6) 送达服务

送达服务是指圆满地实现运到之货的移交,并有效地、方便地处理相关手续并完成结算的服务,讲究卸货地点、卸货方式等。

7) 配送加工

配送加工是按照配送客户的要求所进行的流通加工。

3. 配送的相关流程

1）货物入库

（1）物流配送中心根据客户的入库指令视仓储情况做相应的入库受理。

（2）按所签的合同进行货物受理并根据给货物分配的库区、库位打印出入库单。

（3）在货物正式入库前进行货物验收，主要是对要入库的货物进行核对处理，并对所入库货物进行统一编号（包括合同号、批号、入库日期等）。

（4）然后进行库位分配，主要是对事先没有预分配的货物进行库位自动或人工安排处理，并产生货物库位清单。

（5）库存管理主要是对货物在仓库中的一些动态变化信息的统计查询等工作。

（6）对仓库中的货物，物流公司还将进行批号管理、盘存处理、内驳处理和库存的优化等工作，做到更有效地管理仓库。

2）运输配送

（1）物流配送中心根据客户的发货指令视库存情况做相应的配送处理。

（2）根据配送计划，系统将自动地进行车辆、人员的分配处理。

（3）根据选好的因素由专人负责货物的调配处理，可分自动配货和人工配货，目的是为了更高效地利用物流公司手头的资源。

（4）根据系统的安排结果按实际情况进行人工调整。

（5）在安排好后，系统将根据货物所放地点（库位）情况按物流公司自己设定的优化原则打印出拣货清单。

（6）承运人凭拣货清单到仓库提货，仓库那头做相应的出库处理。

（7）装车完毕后，根据所送客户数打印出相应的送货单。

（8）车辆运输途中可通过 GPS 车辆监控系统随时监控，并做到信息及时沟通。

（9）在货物到达目的地后，经收货方确认后，凭回单向物流配送中心确认。

（10）产生所有需要的统计分析数据和财务结算，并产生应收款与应付款。

配送作为连锁业物流的基本功能之一，在其中占有相当重要的地位。实践证明连锁经营的发展离不开物流配送，合理的物流配送使连锁经营中的统一采购、统一配货、统一价格得以实现，能否建立高度专业化、社会化的物流配送中心关系到连锁经营的规模效益能否充分发挥。配送中心的建设是整个物流体系的重点，因此我们有必要详细阐述一下。

大型连锁企业要重视配送中心建设，根据企业的经营状况合理确定配送中心规模，提供安全可靠、高效率的配送体系。积极发展社会化的第三方物流配送中心，充分利用和整合现有物流资源，通过资产联合、重组和专业化改造等途径，打破行业界限和地区封锁，满足各连锁企业的经营需要。

案例：伊藤洋华堂公司

日本 7-11 公司（原名洋克七公司），目前在全世界 200 多个国家开设有 17 000 多个分店，是世界上最大的便利连锁店。它是由日本最大的连锁集团之一——伊藤洋华堂——于 1973 年年底设立的。当初，伊藤洋华堂设立子公司，是受美国方便店连锁经营的启示，想在日本探索适合日本人消费习惯的方便连锁店。在总部伊藤洋华堂的支持下，当年公司与美国南陆公司签订了在日本开展地区特许经营的合同。1974 年 5 月，日本公司总部与东京汇东区的一家山本茂酒店签订合同，成为该公司也是日本第一家便利连锁店。当年共有 15 家连锁便利店开业，一年后发展到 69 家，年经营额为 48 亿日元。1976 年 5 月，连锁店发展到 100 家，开始实行汇总批发、共同配送的物流业务体制，并在许多连锁店开始实行24小时营业。1978年1月，由原名洋克七公司正式改称为日本7-11公司。1992年12月，该公司成为拥有世界22个国家和地区的1359万个连锁店的国际连锁网络企业。在1993年年底，该公司在日本国内已经发展到近6000家连锁店，成为日本零售业中最有竞争实力的连锁企业集团。它的销售额持续大规模增长，同时与销售相关的库存水平不断降低。公司的成功主要归功于其物流设计与管理。公司的经营目的是，在顾客需要的时候向他们提供所需要的产品。公司的主要目标之一是，通过区位、季节和每天的时间安排，寻求供给与需求之间的微观平衡。公司利用区位、库存、运输和信息的设计与管理来支持这一目标。公司将物流路径集约化转变为物流共同配送系统，即按照不同的地区和商品群划分，组成共同配送中心，由该中心统一集货，再向各店铺配送。地域划分一般是在中心城市商圈附近35千米，其他地方市场为方圆60千米，各地区设立一个共同配送中心，以实现高频度、多品种、小单位配送。实施共同物流后，其店铺每日接待的运输车辆数量从70多辆下降为12辆。另外，这种做法令共同配送中心充分反映了商品销售、在途和库存的信息，7-11逐渐掌握了整个产业链的主导权。在连锁业价格竞争日渐激烈的情况下，通过降低成本费用，为整体利润的提升争取了相当大的空间。

问题：

(1) 配送运输有什么特点？

(2) 降低成本费用的关键是什么？

运输成本是供应链成本的重要组成部分，合理运输方式的选择，是提高供给与需求的匹配性、保持低成本的关键。供应链成本包括企业在采购、生产、销售过程中为支撑供应链运转所发生的一切物料成本、劳动成本、运输成本、设备成本等。运输在全球供应链的不同阶段中充当重要的联系纽带。

五、分销渠道管理

1. 分销渠道的概念

分销渠道也称销售渠道或配销渠道，指产品从生产者向消费者的转移过程中经过的通道，这些通道由一系列的市场分销机构或个人组成。换言之，一切与产品所有权转移相关的中介机构或个人组成了产品的分销渠道。分销渠道的起点是生产者，终点是消费者，中间环节为各类中间商，包括经销商、代理商和经纪商。

2. 分销渠道的作用

由于生产者和消费者之间在数量、品种、时间、地点、所有权等方面存在供求矛盾，为了解决这些矛盾并节约社会劳动，大多数产品不是生产者直接提供给消费者，而是要经过一层或多层的中间环节，才能到达消费者手中。在这一过程中，分销渠道是企业实现产品销售的重要因素，也是企业了解和掌握市场需求的重要信息来源。具体地说，由中间商介入而建立起来的产品分销渠道在市场营销中所起的重要作用，表现为以下几个方面。

1）实现产品从生产者到消费者的转移

产品分销渠道的起点同生产相接，终点同消费相接，产品通过这条渠道源源不断地从生产者流向消费者。对产品生产者来说，产品价值得到了实现，再生产得以继续进行；对消费者来说，获得了消费品，需求得到了满足。

2）调剂余缺，平衡供需

首先，中间商在实现产品从生产者向消费者转移的过程中，通过产品由零集整和散整为零，即将小批量的产品汇集成大批量，再将大批量的产品分割成许多小批量提供给消费者，从而解决了供需双方在产品数量上的矛盾。其次，生产者在花色品种、供货的时间和地点上都存在差异，因此中间商会根据不同地区市场的不同需要，把产品分成不同的等级，按产品的不同花色、品种进行分类，有针对性地满足消费者的需要。另外，对于季节性产品，中间商可以通过汇集、储存、加工以及集散等手段，按季节供应给消费者，达到购销两旺。

3）简化交易，提高效益

在现实中，由于中间机构自身特有的功能，从而保证产品流通的顺利实现，缩短了产品的销售时间，简化了交易联系，减少了交易次数，提高了产品销售的效率和效益。由于中间商的介入，交易次数减少，从而流通费用和售价相应降低，给整个社会带来了巨大的成本节约。

4）分销渠道是重要的信息来源

中间商一方面能及时为生产者提供有关市场的信息资料；另一方面，能给消费者以消费指导，向消费者传递产品的信息。通过这种信息沟通和反馈，生产者能及时改进自己的产品和营销组合方案，提高自身的竞争能力。有利于企业开拓市场，增进销售。现代产品社会，生产规模日益集中，这决定了企业市场的辐射面在扩大，即潜在顾客将分布在更广阔的区域内。这样广阔范围内的营销活动，生产企业是很难顾及到的。产品交换所体现的“天然属性”，使得专门通过媒介进行交换的商业分销渠道具有市场扩散的作用。

3. 分销渠道管理

渠道管理是指制造商为实现公司分销的目标而对现有渠道进行管理，以确保渠道成员间、公司和渠道成员间相互协调和通力合作的一切活动。渠道管理工作包括：

① 对经销商的供货管理，保证供货及时，在此基础上帮助经销商建立并理顺销售子网，分散销售及库存压力，加快商品的流通速度。

② 加强对经销商广告、促销的支持，减少商品流通阻力；提高商品的销售力，促进销售；提高资金利用率，使之成为经销商的重要利润源。

③ 对经销商负责，在保证供应的基础上，对经销商提供产品服务支持。妥善处理销售过程中出现的产品损坏变质、顾客投诉、顾客退货等问题，切实保障经销商的利益不受无谓的损害。

④ 加强对经销商的订货处理管理，减少因订货处理环节中出现的失误而引起发货不畅。

⑤ 加强对经销商订货的结算管理，规避结算风险，保障制造商的利益。同时避免经销商利用结算便利制造市场混乱。

⑥ 其他管理工作，包括对经销商进行培训，增强经销商对公司理念、价值观的认同以及对产品知识的认识。还要负责协调制造商与经销商之间、经销商与经销商之间的关系，尤其对于一些突发事件，如价格涨落、产品竞争、产品滞销以及周边市场冲击或低价倾销等扰乱市场的问题，要以协作、协商的方式为主，以理服人，及时帮助经销商消除顾虑，平衡心态，引导和支持经销商向有利于产品营销的方向转变。

六、客户服务管理

从供应链管理的角度看，客户可以是最终的消费者，也可以是渠道成员（如制造商、零售商、批发商、代理商），也可以是企业内部的某个部门或某个物流作业单位。

1. 客户服务的定义

客户服务在买方、卖方及第三方之间的一个过程，这个过程使交易中的产品或服务实现增值。

客户服务的角色：在买方和卖方之间传递货物及服务的过程中，实现“时间与地点效益”。

客户服务的思想：只有产品或服务到达客户或消费者手中时，才体现出其价值。因此，使产品或服务“可得”，才是企业配送所最关心的问题。

重要观点：通过客户服务不仅仅注重赢得新客户，留住老客户也至关重要。因为，开发新客户比留住老客户的成本平均高约 6 倍，良好的客户服务能提高客户的忠诚度。

2. 客户服务的构成要素

客户服务的要素组成分为三大类：交易前要素、交易中要素和交易后要素。

(1) 交易前要素：直接影响客户对企业及其产品或服务的初始印象，优良的交易前要素将为物流企业稳定持续地开展服务活动打下好基础。

(2) 交易中要素：直接发生在物流过程中的客户服务活动。

(3) 交易后要素：在客户收到产品或服务后继续提供的服务，对提高客户满意度和留住客户非常重要。

三类要素的主要内容见图 8-2。

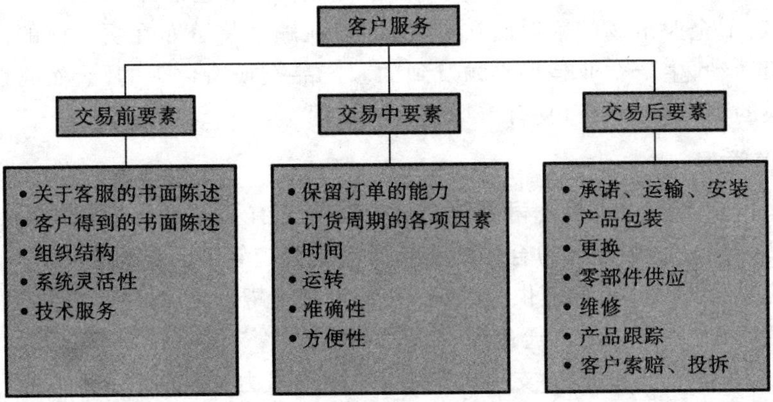

图 8-2　客户服务的三类要素的主要内容

3. 客户服务要素的权重

显然，要提高服务水平，就应改善上述构成要素。但各要素对服务水平的贡献率各不相同，应抓住关键因素。

一些学者对美国客户服务因素进行了市场调查分析，得出了不同产品类型的客户服务因素重要性，如表 8-1 所示。

表 8-1　不同产品类型的客户服务因素重要性排名

服务要素 \ 重要性排名 \ 产品类型	主要资本品	次要资本品	原材料	零部件	补给品
供应能力	2	1	3	3	1
提前期	3	3	2	2	3
交货时间	1	2	1	1	2
订单处理	4	5	5	5	5
包装	6	6	6	6	6
运输	5	4	4	4	4

客户服务对市场营销的影响如下。

(1) 生产商或零售商的缺货费用巨大(存储论模型中的缺货费用),调查表明,三分之二以上的消费者购买行为是看到货架上的商品时才发生的;当缺货时,26%的去别处买,9%的不再买,19%的选择其他产品,31%的选择替代品;仅有15%的延迟购买;持续缺货会大大削弱消费者对该品牌产品或销售商的忠诚度。

(2) 为减少或消除缺货现象的发生,生产商或零售商需要反应迅速的供应商。

(3) 物流与客户服务对市场营销效益的影响。

市场营销效益受消费者特权、客户特权和供应链效率等三个因素的影响,四者之间的关系是:

消费者特权×客户特权×供应链效率=市场营销效益

消费者:产品或服务的最终用户;

客户:供求双方中的需求方,可以是制造商或销售商。

供应商物流系统效率直接影响客户特权和消费者特权,进而影响市场营销效益。

4. 客户服务标准的确定

由有关部门按照一定的方法和依据确定下来的大家共同遵守的条文。主要有:国际标准、欧盟标准、国家标准、行业标准、地方标准和企业标准等。客户服务标准的确定是建立在对客户广泛调查的基础上的,常见的有11项。

(1) 订单周期:从客户下订单到送货的时间间隔,要根据客户的要求而定。

(2) 库存可得性:产品现有库存量能满足需求的百分比。

(3) 订单规模限制:能够及时发货的最小订货量。

(4) 订单便捷性:对客户订单进行处理(制作、接收、修改、撤销等)的方便性和简明性。

(5) 送货频率:两次送货的时间间隔。

(6) 送货可靠性:实现准时送货的订单比例。

(7) 文档质量:发货单、提货单和客户通信记录的准确率。

(8) 索赔程序:处理客户投诉和索赔的速度,"补偿服务"机制的健全性。

(9) 订单完整性:完全执行的订单比例。

(10) 技术支持:产品售后对客户的技术培训、上门维修服务的速度和效率。

(11) 订单状态信息:解决客户咨询的"热线电话",库存状态、送货及时性和客户意见与建议等信息系统。

8.3 汽车供应链的设计

一、汽车供应链的发展趋势

供应链的构成与关键点是汽车制造业涉及的上下游的环节非常庞大,因此,汽车制造业的供应链非常有代表性。以汽车制造业供应链为例,其主要组成部分可分为供应商零部件的运输供应物流、生产过程中的储存搬运物流、整车与备件的储存及运输物流和工业废弃物回收处理物流等。

在这个供应链中,零部件采购管理是企业经营管理的重要环节之一。要在国际化分工更细、产品和技术发展日新月异的今天，具备参与竞争、迎接挑战的实力，就必须在采购管理上更新观念、开拓创新，掌握有效利用有限资源的方法，在企业后台做好充分技术准备，才能积极应战。

当前，国内各大汽车企业各自为政，均建立各自独立的供应商体系，也许这种模式在起步阶段是必需的，但历史发展到今天，这种模式对资源共享是否有利是需要认真考虑的。因此，应提倡建立和利用“公用采购平台”，共用供货资源，实现最优化采购，以此来促进国内零部件工业尽快上规模、上水平，逐步形成系统化、模块化供应。这种理念正在被越来越多的企业家所接受。

物流合理化必须系统化，物流的每一个要素都是一个与其他系统相关的独立系统，它强调运作。在一个物品从原材料到消费品的过程中，各个环节的物流系统就构成了供应链，整个供应链的良性运转，才能使供应链上的每个环节受益，它强调规划。

运用现代汽车物流整合行业供应链，供应链管理要求汽车企业对整个供应链流程进行整合，通过汽车物流的功能整合、过程整合和资源整合来全面整合汽车供应链。汽车物流是以汽车制造商为中心，即以产品的生产制造和市场营销为主线，以相关信息流来协助供应商和客户行为的协作型竞争体系或市场竞争共同体，体现了汽车企业与顾客和供应商相联系的能力。利用物流管理，可以使产品在有效的供应链内迅速移动，使供应链节点企业获益。核心制造企业通过与物流公司、供应商、经销商建立战略伙伴关系，实现了从原材料采购到产品完成整个过程的各种资源计划与控制。企业各种资源的计划与控制通过信息系统集成，形成企业内、外部各业务系统间通畅的信息流，通过采购与上游供应商连接，通过客户关系管理与下游分销商和客户连接，促进整个供应链物流渠道的畅通，提高整个供应链的效率。对汽车供应链的整合目的是增强供应链的竞争能力。供应链整合的关键在于汽车物流是否畅通及时，而基于第三方物流的汽车供应链模式很好地适应了这种需求。这种物流模式便于处理供应链末端任务，在尽可能靠近消费者或者买主的地方完成产品的制造，降低运输成本，减少供货时间，便于提供定制化产品，增加收益，增强客户满意度。第三方物流企业协调管理整个供应链的物流，既包括采购、生产和销售物流，也包括退货和废弃品物流等逆向物流，做到使产品在仓储、运输、分销过程中占用的空间最小、耗用的资源最少，便于回收和重复利用包装物，同时可考虑到整个供应链的现有资源和分布情况，使整个产品生命周期的资源利用最优。

二、设计产品供应链的步骤

基于产品和服务的供应链设计步骤，共包括以下步骤：

（1）分析本企业所处的市场竞争环境。通过对市场竞争环境的分析，可以知道哪些产品的供应链需要开发、现在市场需求的产品是什么、其特征和类型有什么特别的属性、对已有产品和需求产品的服务要求是什么。通过对市场各类主体，如用户、零售商、生产商和竞争对手的专项调查，可以了解产品和服务的细分市场情况、竞争对手的实力和市场份额、供应原料的市场行情和供应商的各类状况、零售商的市场拓展能力和服务水准、行业管理和发展的前景及诸如宏观政策和市场大环境可能产生的作用和影响等。这一步的工作成果将是有关产品的重要性排列、供应商的优先级排列、生产商的竞争实力排列、用户市场的发展趋势分析及市场不确定性分析评价的基础。

（2）总结、分析企业现状。这个阶段主要侧重于对核心企业内部的供应、需求管理现状进行分析和总结。如果核心企业已有自己的供应链管理体系，则对现有的供应链管理现状进行分析，以便及时发现在供应链运作过程中出现的问题，或者说哪些方式已出现或可能出现不适应时代发展的端倪，同时挖掘现有供应链的优势。本阶段的目的不在于评估供应链设计策略的重要性和合适性，而是着重于研究供应链开发的方向或者设计定位点，分析、寻找、总结企业存在的问题以及影响供应链设计的阻力等因素。针对存在的问题，提出供应链设计项目，分析其必要性。

(3) 根据供应链设计策略，提出供应链设计的目标。设计的主要目标在于获得高用户服务水平和低成本的库存投资、低单位成本两个目标之间的平衡(这两个目标往往有冲突)，最大限度地避免目标之间的冲突。同时还需要实现以下基本目标，即进入新市场、开发新产品、开发新分销渠道、改善售后服务水平、提高用户满意程度、降低成本、降低库存、提高工作效率等。在这些设计目标中，有些目标之间在很大程度上存在冲突，这时候要明确首要目标是什么，主要目标是什么，并随不同企业的现状确定实现这些目标的重要程度和次序等。

(4) 分析组成供应链的各类资源要素，提出供应链的基本框架。本阶段要对供应链上的各类资源，如供应商、制造商、分销商、零售商及用户的选择及其定位，以及确定选择与评估的标准，对产品的使用情况、市场的发展趋势以及竞争对手等进行分析。在这个过程中要把握可能对供应链设计产生影响的主要因素，同时对每一类因素产生的风险进行分析研究，给出避免风险的各种方案，并将这些方案按照所产生作用的重要程度进行排序。在分析供应链的资源要素的基础上，确定供应链上主要的业务流程和管理流程，描绘出供应链物流、信息流、资金流、作业流和价值流的基本流向。

(5) 提出组成供应链的基本框架，在这个框架中，对供应链中各组成成员(如生产制造商、供应商、运输商、分销商、零售商以及用户)的选择及其定位分析是这个步骤必须解决的问题。另外，组成成员的选择和评价标准应该得到逐步完善。

(6) 分析和评估供应链设计方案的可行性。供应链设计框架建立之后，需要对供应链设计的技术可行性、功能可行性、运营可行性、管理可行性等进行分析和评价。这不仅是供应链某种设计策略或者说改进技术的推荐清单，而且还是进一步开发供应链结构、实现供应链管理的关键的、首要的一步。在可行性分析的基础上，结合本企业的实际情况，以及对产品和服务发展战略的要求，为开发供应链提出技术、方法、工具的选择建议和支持。这也是一个方案决策的过程，如果认为方案可行，就可进行下面的设计；如果不可行，需要重新进行设计。

(7) 设计和产生新的供应链，主要解决以下问题：

① 供应链的成员组成(供应商、设备、作业流程、分销中心的选择与定位、生产运输的计划与控制等)。

② 原材料的供应情况(包括供应商、运输流量、价格、质量、提前期等)。

③ 生产设计能力(需求预测流程和能力、生产产品的种类和生产能力、生产作业的能力、运输配送的能力、生产计划、生产作业计划和跟踪控制、库存管理等问题)。

④ 销售和分销能力设计(如销售、分销网络、运输、价格、销售规则、销售、分销管理、产品服务的能力等)。

⑤ 信息化管理系统软、硬平台的设计。

⑥ 物流通道与管理系统设计等。

在供应链设计中，需要广泛地应用包括归纳法、集体解决问题、流程图、模拟和设计软件等在内的许多工具和技术，检验已产生的供应链。

(8) 供应链设计完成以后，应通过一定的方法、技术进行测试检验或试运行。如果模拟测试结果不理想，返回第四步重新进行设计；如果没有什么问题，就可实施供应链管理了。完成供应链的设计。供应链的出现必然带来供应链的管理问题，不同特征的供应链，其管理特征、内涵、方法及模式也有所不同。比较新旧供应链。如果核心企业存在旧的供应链，通过比较新、旧供应链的优势和劣势，结合他们运行的现实环境的要求，可能需要暂时保留旧的供应链上某些不科学或不完善的作业流程和管理流程，随着整个市场环境的逐步完善，再被新供应链上的规范流程所取代。同样地，尽管新的供应链流程采用科学规范的管理，但在有些情况下，它们取代过时的、陈旧的流程需要一个循序渐进的过程。所以，比较核心企业的新、旧供应链，有利于新供应链的有效运行。

复习与思考

1. 什么是汽车物流？其特点有哪些？
2. 供应链管理的目标及作用是什么？
3. 什么是汽车供应链？其基本特征是什么？
4. 汽车行业的供应链包括哪几个环节？其特点是什么？
5. 供应链设计步骤包括哪些内容？

第9章
汽车配件计算机管理

9

知识目标

(1) 了解配件商务化发展状况。

(2) 掌握网络化配件查询系统的组成。

(3) 掌握电子配件目录查询方法。

能力目标

(1) 掌握网络化配件查询系统的使用方法。

(2) 掌握电子配件目录使用方法。

【案例导入】

小王是即将毕业的汽车专业的学生，他来到汽配城某家汽车配件经销店实习。面对商店每天繁忙的交易量，小王庆幸自己在学校很认真地学习了汽车配件的计算机管理业务，老板也对小王的工作很满意，打算在他实习期满后直接录用他为正式员工。现在汽配商店都实行了计算机配件管理系统，作为一名学生，应该熟悉计算机管理配件的应用程序，并能根据计算机操作规范完成配件管理业务。下面就来学习相关的内容。

9.1 汽车配件计算机管理的概念

一、汽车配件采用计算机辅助管理的必要性

在我国汽车市场上常见的车型有数百种，每辆汽车在整个运行周期中约有三千种零件存在损坏和更换的可能性。

由此可以看出，汽车维修企业需要经营的汽车配件的品种、规格及涉及的资金额度是十分可观的。汽车维修企业配件经营和管理水平与企业经济效益的关系是十分密切的。

二、结合汽配管理软件来管理汽车配件

汽车配件的进货渠道很多，不同的进货渠道对不同类型的汽车维修企业的维修质量、效率、维修成本，都将产生重要的影响，如何根据本企业的特点采用适合本企业的进货渠道，是任何一个汽车维修企业都必须认真研究的问题。

1. 小型维修企业的配件进货方式

小型维修企业受资金规模、场地、仓储条件的限制，不可能从数量众多的汽配厂家采购大量的种类繁多的汽车零配件。大量小型维修企业特别是一些快修店，零配件进货主渠道是汽车配件市场。有些路边维修店基本上是“零库存”，全部零部件的供应都是采用临时采购的方式。

这种供应方式省去了仓储费用的投入，省去了配件库存而造成的资金积压，是一种比较灵活的方式。但由于中间环节较多，配件价格一般较高。

所以在汽配管理软件中需要加入与大型汽车配件电商的合作，可直接通过系统进入到平台选购，采用这种进货方式的企业应准确掌握配件市场的行情和各种配件上游生产厂家的情况以及各种品种的汽车配件的质量及价格水平。但是电商平台省去了很多中间商环节，所以价格相对来说会比较实惠。

2. 大中型维修企业的配件进货渠道

大中型汽修企业大都有自己的配件库房和相对稳定的零配件采购供应渠道。对于这些厂家而言，在采购供应零件时应注意以下问题。

(1) 方便：应尽量选择交通方便、距离近、供货速度快的配套厂商，以便于联系和采购。

(2) 掌握动态：掌握易换件、采购困难的零部件的供应网、采购网及其动态。

(3) 利用电子商务：可利用电子商务由经销商直接送货，以缩短维修工期。上面提到的可通过汽配管理软件进入汽车配件电商平台进行采购。

(4) 同汽车配件供应商家建立良好的合作关系：尽量减少因配件积压带来的风险，需要量

大的配件应尽量选择定点供应、直达供货的方式，尽量减少中间环节，加速配件的周转。

对于汽车配件的管理，在汽配管理软件中，可首先登记常用的供货商信息，且可协助采购员选择出同款配件哪家厂家更优惠。在汽车配件采购时，直接选择导入该供货商即可。对于给予供货商的货款，可分为预付款、供货商费用、与供货商的结算。

9.2 汽车配件管理软件的操作

一、汽配管理软件的配件采购操作流程

1. 采购订货

通过库存及实际采购计划生成采购订单，便于采购员根据采购单向供应商确认采购明细，单击【配件采购】→【采购订货】菜单：

(1) 进货订单号：系统将自动生成新的进货单号(单号组成：当前模块的首字母＋两位数年份＋月份＋日期＋系统操作账号＋流水号)，每添加一张的单据时系统自动＋1。

(2) 供应商：表示采购配件的来源。

(3) 采购仓库：表示采购配件所放入的仓库。

(4) 交货日期：表示预计交货期限。

(5) 总金额：表示进货的总金额。

业务流程说明：

单击【新单】，即可新开单据；

单击【新明细】，可对当前单据添加采购配件信息；

单击【删除单】，可对当前单据进行删除；

对单据明细中不需要的配件可选择当前行，再单击【删除行】进行删除操作；

确认资料输入正确后，单击【保存】按钮存盘，单击【关闭】关闭当前窗口。

2. 采购入库

在该窗口中录入所采购货物的所在仓库、信息等，以便于以后可以更快捷地找到货物，为以后清理库存做准备。

采购入库单支持从采购订单中导入订单明细，便于方便快捷录入入库明细。

(1) 入库单号：系统将自动生成新的进货单号(单号组成：当前模块的首字母＋两位数年份＋月份＋日期＋系统操作账号＋流水号)，每添加一张单据时系统自动“＋1”。

(2) 供应商：表示采购配件的来源。

(3) 仓库：表示采购配件所放入的仓库。

(4) 入配件在仓库的信息：配件编码、名称、车型、数量、单位、单价、零售价、批发价、金额和仓位(以便于清理货物和找到货物)。

业务流程说明：

单击【新单】，即可新开单据；

单击【新明细】，可对当前单据添加采购配件信息；

单击【删除单】，可对当前单据进行删除；

对单据明细中不需要的配件可选择当前行，再单击【删除行】进行删除操作；

确认资料输入正确后，单击【保存】按钮存盘，单击【关闭】按钮关闭当前窗口。

3. 采购退货

在货物出现问题或者仓库出现库存太多等情况需要退货时，我们可以使用采购退货功能对退换的货物进行统计，主要填写好进货订单号、供应商、发票号码、退货仓库、录入退货明细，确认无误之后单击【保存】，就成功完成退货单。

(1) 退货单号：系统将自动生成新的单号（单号组成：当前模块的首字母＋两位数年份＋月份＋日期＋系统操作账号＋流水号），当日每添加一张单据时系统自动"＋1"。

(2) 供应商：表示配件退货的商家。

(3) 仓库：表示所退配件存放的仓库。

(4) 入库单号：可选项，通过入库单号选择已入库的单据明细。

业务流程说明：

单击【新单】，即可新开单据；

单击【新明细】，可对当前单据添加采购配件信息；

单击【删除单】，可对当前单据进行删除；

对单据明细中不需要的配件可选择当前行，再单击【删除行】进行删除操作。

4. 供应商结算

货商结算主要是对采购配件供应商货款统计结算。

(1) 单据号：系统将自动生成新的单号（单号组成：当前模块的首字母＋两位数年份＋月份＋日期＋系统操作账号＋流水号），每添加一张单据时系统自动"＋1"。

(2) 供应商编号：表示供应商编号。

(3) 付款方式：表示结算时所用于支付的银行。

业务流程说明：

单击【新单】，即可新开单据；

单击【删除单】，可对当前单据进行删除；

注意：确认资料输入正确后，单击【保存】按钮存盘，单击【关闭】按钮关闭当前窗口。

二、汽配管理软件的配件销售操作流程

汽配管理软件中配件销售操作流程包括销售订货、销售出库、销售退货、客户结算。

1. 销售订货

指的是客户需要订购售商品时，我们所需要填写的销售订单。内容如下：

(1) 订单号：系统将自动生成新的单号（单号组成：当前模块的首字母＋两位数年份＋月份＋日期＋系统操作账号＋流水号），每添加一张单据时系统自动"＋1"。

(2) 客户名称、编码：通过客户档案表选择销售客户，新客户则需要先录入客户信息再选择。

(3) 发票号码：表示订单的发票号码。

(4) 交货日期：表示订单交货的实际日期。

(5) 总金额：表示该订单的总金额。

业务流程说明：

单击【新单】，即可新开单据；单击客户编号即可选择销售客户名称；单击【新明细】，可对当

前单据添加采购配件信息；

单击【删除单】,可对当前单据进行删除；

对单据明细中不需要的配件可选择当前行,再单击【删除行】进行删除操作；

注意:确认资料输入正确后,单击【保存】按钮存盘,单击【关闭】按钮关闭当前窗口。

2. 销售出库

当客户直接购买配件或者已定销售单出库时,通过填写销售出库单据,完成配件的销售出库,销售出库单未审核之前可继续编辑,审核后库存出库减少,单据不能再编辑,可通过反审核重新处理。

(1) 出库单号:系统将自动生成新的单号(单号组成:当前模块的首字母＋两位数年份＋月份＋日期＋系统操作账号＋流水号),每添加一张单据时系统自动“＋1”。

(2) 开单日期:表示销售订单的实际日期,编辑框显示的是当前的系统日期。

(3) 客户编号:表示该销售客户编号,通过选择导入客户信息。

(4) 订单号:表示销售订单号,可直接导入。

(5) 总金额:表示该订单的总金额。

业务流程说明:

单击【新单】,即可新开单据；

单击【新明细】,可对当前单据添加采购配件信息；

单击【删除单】,可对当前单据进行删除；

对单据明细中不需要的配件可选择当前行,再单击【删除行】进行删除操作；

注意:确认资料输入正确后,单击【保存】按钮存盘,单击【关闭】按钮关闭当前窗口。

3. 销售退货

客户购买配件后,如需退货,需填写销售退货单。

(1) 单号:系统将自动生成新的单号(单号组成:当前模块的首字母＋两位数年份＋月份＋日期＋系统操作账号＋流水号),每添加一张单据时系统自动“＋1”。

(2) 客户名称:表示此退货订单客户名称。

(3) 客户编号:表示该销售客户编号,做导入操作。

(4) 总金额:表示该订单的总金额。

(5) 退货单信息:配件编码、名称、规格、仓库、数量、金额等。

业务流程说明:

单击【新单】,即可新开单据；

单击【新明细】,可对当前单据添加采购配件信息；

单击【删除单】,可对当前单据进行删除；

对单据明细中不需要的配件可选择当前行,再单击【删除行】进行删除操作；

注意:确认资料输入正确后,单击【保存】按钮存盘；单击【关闭】按钮关闭当前窗口。

4. 客户结算单

当维修车完成维修,审核出厂时,需要通过客户结算单进行费用结算。客户结账时,需填客户结算单。

(1) 单据号:系统将自动生成新的单号(单号组成:当前模块的首字母＋两位数年份＋月份＋日期＋系统操作账号＋流水号),每添加一张单据时系统自动“＋1”。

(2) 客户编号:点击选择客户编号,即可带出客户信息。

(3) 客户地址:选择后自动带出客户地址。

(4) 付款方式:表示非现金付款时所用银行卡账号。

(5) 收款金额:表示该订单最终结算的总金额,会从该客户订单导入。

业务流程说明:

单击【新单】,即可新开单据;

单击【删单】,可对当前单据进行删除;

注意:确认资料输入正确后,单击【保存】按钮存盘,单击【关闭】按钮关闭当前窗口。

复习与思考

1. 简述库存查询的方法。
2. 简述维修领料的过程(课外拓展题)。

参考文献 CANKAOWENXIAN

[1] 李恒宾,张锐. 汽车4S店经营管理[M]. 北京:北京交通大学出版社,2010.
[2] 战洪斌. 汽车配件营销知识[M]. 北京:中国劳动社会保障出版社,2009.
[3] 宓亚光. 汽车配件经营与管理[M]. 北京:机械工业出版社,2008.
[4] 佘镜怀. 汽车及配件营销管理[M]. 北京:中央广播电视大学出版社,2010.
[5] 杨帆. 中国汽车零配件市场现状及发展趋势[J]. 汽车与配件,1998(11):11-13.
[6] 方科鸿. 我国汽车售后服务业连锁化经营探讨[J]. 汽车工业研究,2003(11):30-32.
[7] 凌永成. 中国汽车零配件企业的新机遇[J]. 汽车工业研究,2003(3):20-22.
[8] 姚丽萍. 汽车零部件营销[M]. 北京:机械工业出版社,2014.
[9] 吕琪. 汽车配件管理[M]. 北京:人民交通出版社,2017.
[10] 杨二杰. 汽车配件基础知识[M]. 北京:人民交通出版社,2017.